你該富有

讓窮二代變富一代的鑽石心態

ACRES OF DIAMONDS

Russell Conwell

羅素・康維爾——著
簡瑋琪——譯

前言

每次我來到一座城鎮或城市進行演講，都會盡量提早到達，以便拜訪當地的郵局局長、理髮師、旅館老闆、學校校長，以及牧師。接著，我會走訪工廠和商店，與當地人交談，試著感受這座城市的氛圍，了解它的發展歷史，看看他們擁有過哪些機會，又錯過了哪些——畢竟，每座城鎮都會有某些未能掌握的機會。然後，在我站上講台進行演講時，我會根據所了解到的資訊與聽眾談論適合這座城市的話題。

「滿地都是鑽石」這一理念，不論置於何時、何地都適用，不會改變。它的核心精神就是：在這片土地上，人人都有機會憑藉自身的技能、努力與人脈，提升自我、發掘潛能，突破現有環境，創造更多的成就。

——羅素·康維爾

Contents

滿地都是鑽石

一致富篇一

鑽石心態 06

偉大源於平凡角色的卓越實踐，
成就從當下、從你所在之處開始。

—領導篇—
成就真正領袖的四項特質

鑽石心態 07
「我注意到……」是行動的起點。看見問題、勇於承擔，是讓價值被看見的關鍵。而愈是險境，愈能凸顯真正的領導力。

現代詮釋案例—矽谷傳奇天使投資人納瓦爾．拉維肯 —— 111

—幸福篇—
幸福的中點，在「天使的百合」盛開之處

鑽石心態 08
真正的幸福，不在極貧或極富，而在知足與中庸之間。適時停步，才能看見那恰如其分的美好。

在追尋幸福的路上，要學會停下來 —— 115

鑽石心態 09
「更多」不等於「更好」。「手能握多少」，不貪、不懼、不浮誇——剛剛好，最踏實。
幸福的邊界，止於剛剛好——124
幸福不是拿最多，而是拿得穩——126

鑽石心態 10
真正的商業成功，從來不是追求最大利潤，而是以穩健長久為本，在獲得合理成果後適時停步，懂得回饋，並願意分享。
「剛剛好」的中庸之道，是長久穩健成功的生意祕訣——131
現代詮釋案例一賈伯斯的悟道時刻——136

—人生篇—

給年輕人的人生建議

致富篇

滿地
都是鑽石

「機會其實就在你身邊」──是一種永恆的思維方式。

即使到了AI當道的現代，社會依舊充滿「被忽略的商機」，只不過形式不同：從傳統土地與礦產，轉為數據、創意、服務、個人品牌、內容經濟等新型資產。本篇試圖喚醒人們對當下生活資源的再認識，強調「觀察需求」、「用本事創造價值」，才是致富的根本途徑。

鑽石心態
01

珍惜當下的土地與資源，
不必遠走他鄉，機會就在眼前。

這心態提醒了……

◆ 青年創業者、地方創生實踐者

｜關鍵啟示：財富不在他方，機會就在當地。

｜適用理由：故事強調「腳下的土地才是寶藏」，特別適合返鄉青年、想投入地方創生者閱讀與省思。

◆ 職涯轉職者、職場迷惘者

｜關鍵啟示：你所擁有的資歷與資源，已足夠發展出獨特價值。

｜適用理由：無論是主修礦業的查理，還是擁有農場卻沒發現銀礦的年輕人，他們都錯過了眼前的可能性。這對準備轉職、考慮離開現職的人是重要的提醒。

許多年前，我和一群英國旅客沿著底格里斯河和幼發拉底河而行，我們在巴格達僱請了一名阿拉伯老人在前嚮導。我常想，那位嚮導的某些思維特質，和我們家鄉的理髮師是如此相似，在為你理髮的同時，邊和你聊天，讓你不會感到無聊。他似乎認為自己的職責，不僅僅是帶領我們沿著河流前行，完成分內之事而已，還包括講述古今中外各種稀奇古怪、或熟悉或陌生的故事來娛樂我們。當中有許多故事我早已遺忘，我也很樂意自己已經忘了，但有個故事，我始終無法忘懷。

老嚮導牽著我駱駝的轡繩，沿著河岸緩步前行，一路上故事一個接著一個講個不停，讓我感到厭倦不已，一點都不想再聽下去。當我不再聆聽後，老嚮導顯然有些生氣，但我並未因此感到不悅。我記得當時他摘下他的土耳其毯帽，繞圈揮舞，想藉此引起我的注意。我從眼角餘光瞥見了他的動作，但我決定不看向他，以免他又滔滔不絕地講起故事來。儘管我本該克制自己的目光，最後還是忍不住向他看去，果然他立刻又開始講下去。

他說：「我現在要講的故事，只說給特別的朋友聽。」當他強調「特別」兩字時，我立刻認真聽故事，也很慶幸我聽了。我由衷的心懷感激，因為有一千六百七十四名學子因這個故事受益，順利完成大學學業，他們也很感謝我當時聆聽了這個故事。老嚮導告訴我……

不滿足，讓人錯過家門口的鑽石

從前，在印度河不遠處，住著一位古波斯族人，名叫阿里·哈浮德。阿里擁有一座大農場，有果園、糧田和花園，收取利息賺錢，是個富裕且滿足的人。他之所以心滿意足，是因為他富有；而他富有，正因為他心懷滿足。

有一天，一位充滿智慧、來自東方的古佛教僧侶拜訪了那位古波斯族農夫，他在爐火旁坐下，告訴老農夫我們的世界是如何形成的。

他說，這世界曾經只是一團霧氣，全能的上帝將祂的手指伸入霧氣之中，並緩緩轉動手指，再逐漸加快速度直到霧氣旋轉凝固成一顆火球。然後，火球在宇宙間滾動，衝破穿越其他霧氣層，凝結外部水氣後化作滂沱大雨，降落在它炙熱的表面，使其外殼冷卻。接著，內部炙熱的火焰向外衝破外殼，迸發出山岳、丘陵、山谷、平原和大草原，塑造了我們這個美麗世界的面貌。這些內部的熔漿衝破外殼並冷卻，按照其速度，冷卻最快的會形成花崗岩，再來是銅，接著依序是銀、金，最後冷卻的會形成鑽石。

老僧侶還說：「鑽石是一滴凝結的陽光。」這一說法在科學上是成立的，鑽石確實是來自太陽的碳沉積物。老僧侶告訴阿里，他如果有一顆拇指般大小的鑽石，便足以把這個國家買下，要是他有一座鑽石礦場，更是富可敵國到可將他的孩子送上王位。

阿里聽說了關於鑽石的故事，知道它們的無比價值。當晚，他帶著對貧窮的恐懼與不滿，躺在床上無法入睡。他並未失去任何東西，但因為不滿足而感到自己很貧窮，而因為對貧窮的恐懼，他變得更加不滿足。他腦海裡不斷浮現這個念頭：「我想要一座鑽石礦場。」整夜輾轉難眠。

第二天一早，他特意去找僧侶。根據經驗，我知道僧侶要是一早被吵醒，會很不高興。阿里將僧侶從睡夢中搖醒，對他說：

「你可以告訴我哪裡有鑽石嗎？」

「鑽石！你要鑽石做什麼？」

「沒為什麼，我只想變成鉅富。」

「這樣啊！那麼你儘管去找吧。這就是你要做的，去找，然後你就能得到。」

「但我不曉得上哪去找。」

「如果你能找到一條位於高山之間、流經白沙的河流，你就能在白沙中找到鑽石。」

「我不相信有這樣的河流。」

「噢，當然有好多這樣的河流，你只需要去找，你就一定能找到。」

阿里回答：「我會去的。」

於是他賣掉了農場，把家人託付給鄰居照顧，帶上所有積蓄，便出發去尋找鑽石。他的尋找之旅從東非月亮山開始，在我看來是非常正確的。隨後，他經過巴勒斯坦，再繼續流浪到歐洲，最終花光了所有積蓄，衣衫襤褸，悽慘悲苦，貧困潦倒。他站在西班牙巴賽隆納海灣的岸邊，一個巨大的浪潮打來，湧入海克力斯之柱，直布羅陀海峽兩側的岩柱之間。那深受折磨、可憐的垂死之人，無法抗拒自己想縱身躍入襲來浪潮的衝動，最終沉入洶湧的浪頭之下，再也沒有站起身來。

那位老嚮導告訴我這個令人悲傷的故事後，停下了我所騎的駱駝，回頭去整理另一頭駱駝身上脫落的行李。於是，在他離開的空檔，我靜下心來思考他說的故事。我一邊想著：「他為何只給『特別』的朋友說這個故事？」這個故事沒頭沒尾，似乎也沒什麼內容。

這是我生平第一次聽到主角剛出場沒多久就死了的故事，才聽到了故事的第一章，他就死了。

老嚮導走回來後，牽起我的駱駝的轡繩，繼續往下說，進入故事的第二篇章，就好似不曾中斷過一樣。

有一天，買下阿里農場的新主人，牽著他的駱駝到花園裡喝水。當駱駝把鼻子伸進花園小溪的淺水中時，農場新主人注意到溪流的白沙之中閃現一道奇特的光芒。他從溪流中撿起一塊帶著光點、反射出彩虹色彩的黑色石頭，把它帶進屋裡，放在壁爐上方的壁架上，然後便把這事忘得一乾二淨。

幾天後，老僧侶來拜訪阿里農場的新主人，他一打開起居室的門，就看到壁架上的那道光芒，他匆忙走上前，驚呼道：「這是鑽石！阿里．哈浮德回來了嗎？」

「沒有，阿里．哈浮德沒有回來，還有那並不是鑽石，只不過是顆花園裡的普通石頭而已。」

僧侶說：「不，我告訴你，我一眼就能認出鑽石，這千真萬確是顆鑽石。」

接著，他們急忙衝進這座老舊的花園裡，用手指在白沙中翻攪，你瞧！又出現了另一顆比第一顆更美麗、更珍貴的寶石。

嚮導對我說，這是真實的事件：就這樣，印度戈爾康達鑽石礦被發現了。這是人類歷史上最輝煌瑰麗的鑽石礦，甚至超越了金伯利礦場。世界上最巨大的鑽石——英國王室的「光之山」鑽石（Kohinoor）與俄羅斯王室的「奧洛夫」鑽石（Orloff）——皆出自這座礦場。

當那位老阿拉伯嚮導開始講述故事的第二篇章時，他脫下了土耳其帽揮舞著，以吸引我的注意，提醒我留意這個故事的寓意。這些阿拉伯嚮導的故事往往充滿寓意，儘管他們自己未必是品德高尚的人。他一邊揮舞著帽子，一邊對我說：「如果阿里當初選擇留在家中，在自家的地窖、麥田或花園挖掘，而不是遠離故土、在異地受苦，最終走向自我了結，他本應擁有『滿地的鑽石』。」那座農場的每一畝土地，甚至每一鏟泥土，後來都發現隱藏著鑲嵌在各國君王皇冠上的鑽石。

當他為故事賦予寓意，我明白了他為什麼只把這個故事講給「特別的朋友」聽。那位狡猾的阿拉伯老嚮導講話像律師一樣拐彎抹角，言詞迂迴、不敢直言，他想表達的是，「在他看來，正沿著底格里斯河旅行的某個年輕人——也就是我，或許更應該回到美國的老家，而不是在這裡繼續旅行。」

我沒有直接告訴他，我懂你的意思，而是跟他說你的故事令我想起了另一個故事，然後我很快地把故事說給他聽，現在也要說給你們聽。

機會，常藏在你視而不見的地方

一八四七年，有個住在加州的牧場主人，聽聞南加州發現了金礦，懷抱著淘金夢，他將牧場賣給薩特上校，踏上了尋找黃金的旅程，卻從此杳無音訊，再也沒有回來。

接手牧場的薩特上校在流經牧場的小溪旁建了一座磨坊。有一天，他的小女兒在引導水流的渠道中挖了一些濕沙帶回家，並在火爐旁用手指篩沙。從指縫間落下的沙粒中，有位訪客發現了閃閃發光貨真價實的金片，這是在加州的首次發現。

那位曾經擁有牧場的主人想要黃金，他本可以毫不費力的得到。

事實上，從那時起，在僅僅幾英畝的土地上已開採出價值三千八百萬美元的黃金。

大約八年前，我在一座城市發表了這場演講，而那座城市正建立在當年的那片土地上。

有人告訴我，一位擁有牧場三分之一股份的牧場主人，多年來無論醒著還是睡著，每十五分鐘就能自動獲得一百二十美元的黃金，而且完全不用繳稅。如果我們也能像他們一樣賺錢卻不用繳稅，那該有多美好！

不過，相較於剛才的例子，其實還有一個更生動的例子，而且它就發生在我們賓夕法尼亞州。

如果這裡能有一位德裔聽眾坐在我面前，我對著他滔滔不絕地講述這個故事，我會有多麼樂在其中。而今晚，我格外享受這一刻。

有個住在賓夕法尼亞州的人，他和你見過的其他賓州人並無太大不同。他擁有一座農場，然後他做了正是我也會做的事——把農場賣掉，如果我在賓州有農場的話。但他在賣掉農場前，決定先找份工作，幫他的堂兄收集媒油。他的堂兄當時在加拿大經營這門生意，而加拿大是北美洲最早發現石油的地方。在早期，他們是直接從流動的溪流中提取煤油。

於是，這位賓州農夫寫信給在加拿大的堂兄，請求給他一份工作。各位，你們看，這位農夫其實並不愚笨。沒錯，他可不是傻子。在他找到別的工作前，他沒有先把自己的農場賣掉。說真的，我認為沒有誰比那些在還沒找到下一份工作之前，就辭掉現在工作的人更愚蠢。這是專門講我的職業，可不適用在正打算離婚的男人身上。

他寫信給堂兄求職，結果對方回答：「我不能錄用你，因為你對石油業一竅不通。」

結果，這位老農夫就說：「我會弄懂的。」他懷著值得稱讚的拚勁（這正是天普大學學生的精神）開始鑽研與石油相關的知識。

他從遠古上帝創造世界的第二天開始研究起，當時整個地球還覆蓋著茂密的植被，而那些植被後來變成了最原始的煤層。他深入研究這個領域，最後發現，原來那些豐富的煤層所滲出的液體，其實就是值得開採的煤油。接著他發現，這些煤油會隨著湧泉一起冒出來。

他研究到最後，不只能夠辨識煤油的外觀、聞起來的氣味，甚至還試過它的味道，並學會了如何提煉它。於是，他在信裡跟他的堂兄說：「我已經了解石油是怎麼來的！」他堂兄回信說：「好啊，那就來吧！」

根據該郡地方政府資料記載，他以八百三十三美元賣掉了這座農場。

他才剛離開這片土地，新地主就出門安排牛群的水源事宜。他發現，前地主多年前就已在穀倉後的小溪裡放了一塊木板，木板邊緣豎插進水裡幾英寸。那塊木板傾斜放置在溪水中，主要是為了把骯髒噁心的浮渣推到溪水的另一岸邊，不讓牛群的鼻子碰觸到那些浮渣。因為有了那塊木板，把浮渣都沖到一邊，牛群就可以在下游喝到乾淨的水。那個去了加拿大的人，實際上二十三年來一直將煤油洪流給擋住了。

十年後，賓州的地質學家告訴我們，這些煤油當時的價值已經高達一億美元。而到了四年前，我們的地質學家宣布，這片油田的價值更已經飆升到一百億美元。

當時擁有那片土地，也就是現今泰特斯維爾市及普萊森特維爾谷地所在地的那個人，研究的領域從遠古時代一路研究到現代。他鑽研這門學問，直到瞭若指掌，卻只用八百三十三美元的價格就將整片油田賣掉，我要再強調一次，這真是個愚蠢的行為。

自我提問

你真的認識你所處的地方嗎？
你住的城市有什麼資源是你一直忽略的？
你現在的工作是否藏有尚未被發掘價值？
是否有人曾向你提過需求，但你沒放在心上？

現代詮釋案例——

從鐵工廠女兒到在地甜點創業家

高雄的林小姐曾是某傳統鐵工廠老闆的女兒。她從小夢想去法國學甜點，但礙於家境與現實，最後只能留在台灣做外送平台的客服。她一度覺得自己被困住，沒有資源、沒有方向、沒有錢創業。

某天，她為客訴處理一筆「沒送達的甜點」，對方一邊氣憤一邊說：「這城市怎麼連像樣的黑糖布丁都沒有？」她瞬間聯想到外婆的古早味甜點，並意識到：「也許我能做點什麼。」

她利用工廠閒置的角落，搭出一個衛生簡便的廚房，每天清晨製作限量手工甜點放到外送平台，沒幾週就因口味獨特與真材實料而爆紅。如今她擁有自己的品牌，還帶動周邊青年創業。

她說：「我曾經覺得高雄沒機會，覺得自己什麼都缺。但現在我知道，原來我一直站在鑽石上。」

鑽石心態

02

專業與學歷不是成功保證，
從熟悉的領域找出需求與價值。

這心態提醒了……

◆ 探索職涯的青年

｜關鍵啟示：不要輕忽手中機會；富足常在眼前，只是你看不見。

｜適用理由：故事中的查理剛畢業即追求「遠方機會」，卻錯失自家銀礦，這對探索未來方向、猶豫跳槽或創業的年輕人極具警示與啟發。

◆ 求學中學生／應屆畢業生／社會新鮮人

｜關鍵啟示：不需去遠方尋找機會，創造價值的能力，就從此刻培養。

｜適用理由：作者明確說「希望國高中生來聽」，因為他們尚未被習慣與觀念綁住，對新觀念有高度可塑性。

坐在銀礦上，卻遠赴他方尋找未知金礦

不過，我還需要再舉一個例子。這個例子是在麻薩諸塞州，雖然我就是來自這裡，不好意思啊。這位在麻州的年輕人，剛好提供我們另一思考。

這位名叫查理的麻州年輕人畢業自耶魯大學，就學期間主修礦業與採礦學，對採礦學有專精，還因此被學校聘雇負責指導程度落後的學生。在他大四時，每週靠這份工作賺取十五美元。他畢業後，薪水直接從十五美元漲到四十五美元，學校甚至還開出教授職位給他，但此時他卻是立刻回家去找媽媽。

如果他的薪水是從十五美元漲到十五點六美元，他應該會留下來，並對這份工作感到很滿意。但當他們把薪水一下子提高到四十五美元時，他反而認為以他的才智應該可以賺到更多錢，他這麼說：「媽媽，我不想做這種一週四十五美元的工作。像我頭腦這麼好，怎麼可以每週只賺四十五美元！我們去加州吧，開採金礦銀

礦，賺大錢。」

他媽媽說：「查理啊，快樂和富有一樣重要。」

「沒錯，」查理回應，「但既富有又快樂，不是更好嗎？」

事實上，他們兩個說的都沒錯。但他是獨子，而她是寡母，當然最後總是能如他的意行事。

他們把麻薩諸塞州的房子賣了，結果沒去加州，反而去了威斯康辛州。到了當地，他重新以一週十五塊美元的薪資在一家優質的銅礦公司工作，不過合約裡多了一項特別條款，只要他幫公司找到新的礦脈，他就能分紅。

我不覺得他真的發現過什麼礦，如果這裡有那家銅礦公司的股東，你們一定想知道他當初應該有挖到點什麼吧。我有幾個沒買到門票而不在這裡的朋友，當年這個小夥子受雇於那間公司時，他們可是那家銅礦公司的股東呢。這個年輕人去了那裡之後，我就再也沒聽過他的消息了。我不知道他後來怎麼樣，也不清楚他到底有沒有找到礦產，但我猜，他應該是什麼都沒發現吧。

不過，我確實知道這故事另一端的發展。

查理才剛離開老家，接手農場的地主就去田裡挖馬鈴薯。其實，他買下這片農場時，田地裡的馬鈴薯早已經成熟，等著收成。當老農夫搬著滿滿一籃馬鈴薯要進門時，籃子被門兩側的石牆卡住，卡得緊緊的，動彈不得。要知道，在麻州，農場的圍牆幾乎都是以石頭堆砌而成，因此不能把前門蓋得太寬，要留下一些空間來堆放石頭。當籃子被卡住而動彈不得時，他索性把籃子放到地上，用力邊推邊拉地把籃子塞進門內。就在他拖著那籃馬鈴薯時，這位農夫注意到大門旁石牆的外側上角，竟嵌著一塊長寬各約二十公分的天然銀塊。

諷刺的是，那位自認為是礦業、採礦學與礦物學專家，厲害到不願意拿每週四十五美元薪水的年輕人，當年等於就是坐在銀礦上，把自己在麻州的老家給賣掉了。他在那座農場出生，在那裡長大，每天經過那塊石頭，還用袖子擦到能映出自己的臉。那塊石頭彷彿在對他說：「這裡有十萬塊，就等你伸手來拿啊！」可惜，他就是沒發現，沒有採取任何行動。

那座銀礦就在麻州紐伯里波特的他家裡面，但在查理的眼裡，這裡並沒有什麼銀礦，所有銀礦都遠在其他地方——好吧，我不知道在哪，他自己也不知道，總之不在這裡就對了。但他可是位礦物學專家啊！

各位朋友，這種錯誤其實大家都會犯，所以我們又有什麼資格取笑他呢？有時候我也在想，他後來到底怎麼樣了呢？這我真的不清楚，不過身為一個美國佬，就讓我來猜一下吧。我猜，查理今晚大概正坐在壁爐旁，身邊圍著一群朋友，然後對他們說：「你們知道那個住在費城的康維爾嗎？」

「喔，知道啊，我聽過他。」

「那你知道住在費城的那個瓊斯嗎？」

「嗯，我也聽過他。」

然後他開始大笑，笑到肚子都快抽筋了，接著對朋友們說：「哈哈，他們做的事，跟我當年犯的錯，一模一樣！」

但這下，笑話變得不好笑了，因為你我其實也做過同樣的事。當我們坐在這裡取笑他的時候，他其實更有資格在那邊笑我們呢！我知道自己也幹過一模一樣的蠢事，不過這沒關係，畢竟講道理是一回事，真正做到又是另一回事啊！

今晚站在這裡，環顧整個觀眾席，我再次看到了過去五十年中屢屢重演的場景——許多人依然在重蹈覆轍，犯著同樣的錯誤！我總是希望能有更多年輕人來聽這場演講。

要是今晚的講堂，能坐滿我們的高中生、國中生，讓我有機會與他們分享我的想法，那該有多好。雖然我希望今晚的觀眾是那些年輕人，因為他們最容易接納新觀念，尚未被固有成見所束縛，也還未養成那些難以改變的習慣，還沒有像我們一樣品嘗過太多失敗的苦澀。

雖然我對年輕聽眾的影響力可能比對成年人更大，但我仍會盡全力，將我所擁有的資源分享給在座的各位！我要告訴你們，不必再四處尋找了，因為在費城，就在你們現在生活的地方，已經擁有了「滿地的鑽石」。

「拜託，」你可能會說，「如果你認為這裡有『滿地的鑽石』，那麼你對這座城市應該不太了解。」

報紙上曾報導一名年輕人在北卡羅萊納州找到鑽石的事蹟，我對那則新聞非常感興趣。

那顆鑽石是有史以來發現的最純淨的鑽石之一，而且在它被發現地點的附近，之前還找到過好幾顆。

因此，我特地去請教了一位知名的礦物學教授，問他那些鑽石到底是從哪裡來的。

那位教授拿出了一張北美洲的地質構造圖，仔細研究，追溯這些鑽石的可能來源。他說，這條地層可能穿過適合鑽石生成的石炭紀地層，向西延伸，經過俄亥俄州和密西西比州，但更有可能是向東延伸，穿過維吉尼亞州，沿著大西洋海岸線北上。事實上，那裡確實存在鑽石，而且已經被發現並售出。這些鑽石是在冰川漂移時期，從更北方的某個地方被帶到這裡的。

所以，誰會知道，說不定哪天某個人在費城鑽探時，就突然意外地發現鑽石礦的痕跡呢！

各位朋友，怎麼能輕易下結論說這裡沒有全球最頂級的鑽石礦呢？因為那種鑽石，只有在世界上最富饒的礦脈中才會出現啊！

你追尋的遠方，可能正是你站的地方

我舉這些例子，只是為了說明我的觀點，我要強調的是——即使你沒有真正的鑽石礦，實際上你依然擁有同樣珍貴的資源。

最近，英國女王對美國女性給予了史無前例的讚譽，間接地肯定了她們的穿衣風格。因為在最近的一次英國宴會上，女王完全沒有佩戴任何珠寶，卻依然光彩奪目，這幾乎讓鑽石的價值變得不再那麼重要。

如果你希望保持端莊、得體，你只需保留幾顆適合你佩戴的鑽石，其餘的完全可以賣掉，換取現金。

現在，我再說一遍——如果你們想致富、想賺大錢，機會就在費城，就在你們眼前。

今晚在場的每一位，不論男女，都有機會抓住它。我對我所說的每一句話，都深信不疑。

無論如何，我站在這裡，不是來背稿給你們聽的。我站在這裡，是為了告訴你們，我所相信的絕對真理。

如果我這一生的經歷，能讓我累積一點點常識，那我可以肯定，我說的是對的。

今晚在座的各位，或許有人連買這場演講的門票都不容易，但事實上財富就在你身邊，觸手可及，你們腳下就有「滿地的鑽石」，機會已經擺在你眼前，關鍵是你能否洞察並把握它。

放眼全球，從未有任何地方比今天的費城更適合創造財富。而且，歷史上從未有過像現在這樣的時代，讓一個身無分文的人，也能在這座城市中，以如此迅速且正當的方式實現財富。

我告訴你們，這就是事實，我希望你們能夠真正重視並把握機會。

如果你們以為我只是來這裡背稿的，那我今天根本不需要站在這裡。我不是來這裡說空話的，我來這裡是要分享我所深信不疑的真理。

如果今晚的演講無法讓在座的某些人變得更富裕，那我就真的是浪費了自己和大家的時間。

自我提問

你是否也曾低估了自己所擁有的？

你現在的生活圈、專業或經歷中，是否藏有被你忽視的價值資源？

有沒有哪些事情，是你「做起來輕鬆、卻常被人稱讚」的？那可能就是你潛在的鑽石。

你是否認為「只要去別的地方、換個工作、開間店」就會比較好？

你在想像遠方的同時，有沒有確實盤點過自己現在的優勢與不足？

現代詮釋案例——

石磨裡的甜點

住在南投山上、三十出頭的阿賢，從小在茶園裡長大，但他一心想離開山裡，到都市闖出一番事業。因此，他在大學畢業後便到台中開咖啡店，苦撐了三年，生意始終平平。然而疫情一來，他被迫關店，無奈返鄉，心裡難免覺得自己像是城市裡的失敗者。

一天，他陪母親去採茶，出門時經過庭院一座布滿灰塵的石磨時，母親說：「你以前小時候，阿公都用這石磨磨茶做茶凍給你吃呢！」母親隨口的一句話突然點醒了他。

於是，阿賢紅玉、洛神花、龍眼等茶葉花果，試著用這塊祖傳石磨磨製茶粉，然後重現記憶中的茶凍。成品滑嫩、茶香濃郁，與市面上的即溶茶凍完全不同。他拍照上傳ＩＧ，沒想到短短幾天就吸引大量訂單。

幾個月後，他搭配老茶與果乾推出了「石磨茶凍禮盒」，不僅網路熱賣，還嘗試進軍精品超市。當年他在都市追夢，三年不敵現實；回到山裡，反倒靠著一塊舊石頭找到屬於自己的創業之路。

每當朋友來訪，他都會笑著指著石磨說：「我以前一直以為機會在都市，沒想到最珍貴的東西，一直就在我家門口。」

很多時候，我們苦苦尋找的，其實早就在腳下。你認為的一塊石頭，潛藏底下的可能就是一片銀礦，只是你還沒認出它而已。

鑽石心態

03

致富是一種有道德的責任，
誠實創富不但無罪，反而是美德。

這心態提醒了……

◆ 創業者與中小企業主

｜關鍵啟示：財富來自誠信經營與理解顧客需求，而非投機或遠方機會。

｜適用理由：文中點出「經營本地社區」、「掌握需求」、「把信仰與商業整合」是成功之道，對開店或創業者來說極具實戰參考價值。

◆ 自由工作者與斜槓青年

｜關鍵啟示：資本不是關鍵，價值與服務才是致富根基。

｜適用理由：文中強調即使沒資本，也能靠觀察與努力賺錢，這點對資源有限、自立更生的族群尤其受用。

致富，是你應盡的責任

我告訴你們，你應該要變富有，而且讓自己更有錢，是你應盡的責任。有不少虔誠的弟兄對我說：「你身為一位基督教牧師，竟然花時間在全國各地奔走，勸年輕人要變得富有、要賺大錢？」

「沒錯，當然是這樣。」

他們驚訝地說：「這也太離譜了吧！你為什麼不去傳福音，反而在這裡教人怎麼賺錢？」

「誠實地賺錢，本身就是在傳福音。」

這就是我的理由。那些真正有錢的人，往往也是最誠實可靠的人。

「哦，」但今晚在座的年輕人中，一定有人會說：「我從小就被灌輸這樣的觀念——有錢人不是奸詐，就是貪婪，不誠實、缺乏道德、卑鄙愛算計，令人不齒。」

我的朋友，這就是你為什麼一無所有的原因，因為你對富人抱有這樣的看法。你信仰的根基完全是錯誤的。

我在這裡直說，簡單明瞭地講——雖然這個話題值得深入探討，但我今天沒時間詳述。美國的有錢人中，有百分之九十八的富人是誠實可靠的。這正是他們能夠致富的原因。這就是為什麼大家願意把錢交給他們，這就是為什麼他們能夠經營大規模事業，並且始終能夠吸引人們與他們共同合作——因為他們是誠實的人。

又有一位年輕人說：「可是我常聽說，有人用不正當手段賺了幾百萬。」

沒錯，你當然會聽到這些資訊，我也會。但這類事情實際上極為少見，少到讓新聞媒體反覆報導，把它當成頭條來炒作，結果讓人誤以為所有有錢人都是靠不正當手段致富的。

朋友，這樣吧——你提供一輛車，帶我去費城郊區轉一轉，去看看那些擁有自己房子的住戶，那些擁有美麗花園和壯麗景致的家，那些擺滿藝術品、氣派十足的豪宅。然後，我會向你介紹這座城市中品格最好、事業最成功的人，你知道的，我不會騙你。一個人，只有擁有自己的房子，才能算是真正站穩腳跟。而擁有房子的人，會變得更加正直、誠實、純粹和踏實，也會更懂得節儉與負責，因為房子不僅僅代表財富，更是一份責任。

一個人擁有金錢，即便是巨額財富，這並不是與信念相悖的事。我們在講道時，的確會反對貪婪，這點你們都知道。但有時，牧師們過度使用「不義之財」這類詞語，以至於信徒們開始誤解，以為我們在講壇上所傳達的是，任何人擁有金錢就是罪惡的。然後，奉獻籃傳到大家面前時，我們又幾乎要對信徒發火，因為他們奉獻得不夠多。唉，這種教義是多麼的自相矛盾啊！

金錢就是力量，適當地追求財富是應當的。你應當這麼做，因為擁有金錢比沒錢更能讓你行善。金錢可以印聖經、蓋教堂、派遣傳教士，以及支付牧師的薪水。如果沒有錢支付，恐怕沒有人會願意從事這些工作。

我一向樂於讓教會幫我加薪，那些薪水最高的教會，往往也是最容易加薪的。這點你一輩子都沒見過例外。領最高薪的人，往往能運用這筆資源做最多的善事。當然，前提是他的內心正直，能夠善用這筆錢，發揮它應有的價值。

所以我說，你應該要有錢。如果你能在費城誠實地致富，那麼這就是你作為基督徒應盡的神聖責任。那些認為必須貧困才能展現虔誠的人，這種觀念實在是大錯特錯。

有些人會說：「難道你不同情窮人嗎？」當然，我同情窮人，不然我這些年來也不會一直在演講。我承認我對窮人有同情心，但真正值得同情的窮人其實少之又少。而我們往往更常這麼做，幫助那些不該幫的人，反而比幫助真正值得幫助的人還多。

我們的確應該同情那些真正無法自力更生的「上帝的貧民」，但也別忘了，美國的窮人不是因為自己的失誤陷入貧困，就是因為別人的錯誤而被拖累，沒有例外。

無論如何，貧窮本身就是不對的，這一點我們不必再爭論，先把這個問題擺到一邊吧。

這時，一位先生站起來問道：「你不覺得這世界上有些東西比金錢更重要嗎？」

當然有！但我現在談的是錢。的確，這世上有些東西比金錢更高尚。金錢並不是世上最重要的東西，我曾失去過某個人，那份失落讓我明白，這個世界上確實有比錢更美好、更純粹、更珍貴的事物。我深知，這世上有些東西比黃金更崇高、更偉大。愛情無疑是上帝賜予人間最偉大的禮物，但若是擁有富裕的戀人，更是一件幸運的事。

錢就是權力，錢就是力量，錢能造福他人，也能帶來傷害。但如果是掌握在好人手中，金錢可以成就善事，而且也已經成就了許多善事。

我實在不想輕易跳過這個話題。我曾在我們城市的一場祈禱會上聽到一名男人站起來感謝主，稱自己是「上帝的貧民」。嗯，我倒很好奇，他的妻子聽到這句話會怎麼想？家裡所有的錢都是她賺的，而他則是坐在門廊上悠哉地抽著用她辛苦錢買來的香菸。

我再也不想看到這種「上帝的貧民」，我也不認為上帝會願意看到。可惜，還是有人認為要表示虔誠，就必須窮困潦倒、骯亂不堪，但這根本不合邏輯。我們可以同情窮人，但絕不能宣揚這種荒謬的觀念。

金錢不是萬惡之源，貪財才是萬惡之根

時至今日，仍有許多人懷著偏見，認為基督徒（或猶太人口中敬畏神的人）不應該追求財富。這種偏見是如此根深柢固，並且已經流傳了很長時間，我想現在應該可以談論一下這件事。

多年前，在天普大學的神學院裡，有個年輕人，自以為是那個系裡唯一虔誠的學生。

有一天晚上，他走進我的辦公室，在我書桌旁坐下來，對我說：「校長先生，我覺得我有責任來和您談談。」

我問他：「發生什麼事了嗎？」

他說：「我在學院裡，在皮爾斯學校的畢業典禮上，聽您說過，您認為年輕人渴望致富是一種光榮的抱負，因為這會讓他們更自律、更渴望擁有好名聲，也會讓

他們更勤奮。您談到人對金錢的渴望能幫助他成為一個更好的人。校長先生，我今天來就是想告訴您，聖經上說：「金錢是萬惡之源。」

我告訴他，我從來沒在聖經裡看過這句話，並建議他去禮拜堂拿一本聖經，翻給我看。他便走出去拿聖經，沒過多久，他大搖大擺地走回辦公室，臉上露出一種典型的、只屬於思想狹隘的教派主義者，或那些因對聖經的錯誤詮釋而自誤信仰的人自以為是的表情。他猛地把聖經丟在我桌上，聲音尖銳地對著我說：「校長先生，您自己讀讀看，這不就寫在這裡嗎？」

我對他說：「年輕人啊，等你年紀再長一點，你就會明白，讀聖經這種事，不能完全依賴其他教派替你解釋，因為你是屬於另一個教派的。但在神學院裡，你應該學過，重點在於正確地解讀經文。現在，請你自己拿起聖經讀一遍，並且把重點放對地方。」

他拿起聖經，得意洋洋地讀道：「貪財是萬惡之根。」

這次他終於正確地引用了經文，而任何能夠正確引用這本古老聖書的人，所說的便是真理無誤。在過去五十年裡，我經歷了這本古老聖經所面對的最艱難挑戰，並且活到今天，見證它的旗幟依然自由飄揚。因為在人類歷史上，從未有任何時刻像現在這樣，所有偉大的思想家如此一致地認可——聖經是真理，毫無疑問。

所以我說，當他正確引用時，自然也就是引用了絕對的真理——「貪財是萬惡之根。」

那些渴望一夜暴富或不擇手段賺錢的人，無疑會落入許多陷阱。貪財，究竟是什麼意思？

就是將金錢當作偶像來崇拜，而偶像崇拜，無論是在聖經中還是在人類的常識裡，都是明確被譴責的。那個只會崇拜金錢，而不思考金錢應該如何使用的人，那個將金錢視為偶像的人，那個將錢藏在地下室或襪子裡，或是不願將錢投資於能造福世界的地方的人，那個緊抱金錢不放，直到連美元上的老鷹都痛苦尖叫的人，正是擁有萬惡之源的那個人。

致富的機會究竟在哪裡？

我想，我現在就不再談這個話題了，先來回答大家普遍關心的問題：「在費城有致富的機會嗎？」

其實，要找出致富的機會是件非常簡單的事，一旦你能發現它，它就是你的了。

有位老先生站了起來，問我說：「康維爾先生，您住在費城三十一年，難道不知道在這座城市能有所作為的時代早就已經過去了嗎？」

「不，我不這樣認為。」

「確實如此，我嘗試過了。」

「您是做什麼生意的？」

「我在這裡開店二十年，這二十年裡，從來沒有賺過超過一千美元。」

「那麼，你可以根據這座城市付給你的報酬來衡量你對它的貢獻。因為一個人能夠從自己所獲得的報酬中清楚地判斷出自己的價值，也就是說，衡量自己價值的標準，應該是基於他在這個世界上的重要性。如果你在費城待了二十年，卻賺不到超過一千美元，那麼對費城來說，早在十九年又九個月前，就該讓你離開這裡。若一個人在費城開店二十年，總收入還不到五十萬美元，那麼即使它只是一家街角的雜貨店，也應該考慮停止經營了。

你說：「現在開店要賺到五十萬美元確實非常困難。」

朋友們，你只需走一走你店鋪周圍的四個街區，了解人們的需求，思考你可以提供哪些服務、商品，記下來，計算這樣能帶來多少收益，很快你就能看到成果。機會就藏在你周遭的訊息裡，財富就在你的身邊。

致富的第一步，從關心周遭人開始

有人說：「你根本不懂做生意，一個牧師怎麼可能懂得如何做生意呢？」

那麼，我必須證明自己是一位專家。我其實不喜歡這樣做，但我必須這樣做，因為如果我不具備專業知識，沒有人會相信我說的話。

我父親開了一間鄉村雜貨店，如果說有哪個地方能讓一個人學到各種商業經驗，那無疑是在鄉村雜貨店。我並不以這段經歷為傲，但有時候當我父親不在時，他會把店交給我負責，幸運的是，對他來說，這並不是常有的事。不過，這樣的情況確實發生過不止一次。

有個人走進店裡，問我說：「你們有賣折疊刀嗎？」

我回答說：「沒有，我們沒有賣折疊刀。」然後邊吹著口哨走開了。反正那個人跟我又沒有什麼關係。

接著，又有另一位農夫走進來，問我說：「你們有賣折疊刀嗎？」

我回答說：「沒有，我們不賣折疊刀。」然後我就吹著另一段口哨走開了。

第三個人也走了進來，問說：「你們有賣折疊刀嗎？」

我回答說：「沒有。為什麼這裡的人都在問折疊刀？你以為我們開這家店是為了滿足整個社區對折疊刀的需求嗎？」

你在費城也這樣經營你的商店嗎？問題在於，當時我還沒明白，敬虔的根本和做生意成功的原則，其實是完全一致的。

說「我無法將我的宗教信仰帶入生意中」的人，不是宣告自己是個低能的生意人，就是正瀕臨破產危機，或是個小偷，肯定是三者其中之一。他會在幾年內失敗的。如果他不把宗教信仰帶入生意，他肯定會失敗。如果我當時以基督徒的計畫、敬虔的心態經營我父親的商店，那麼當第三個人來詢問折疊刀時，我早就準備好了一切。那樣，我不僅真正幫了他一個忙，還會得到回報，這也是我的職責所在。

有些過於虔誠的基督徒認為，只要做生意賺了錢，就是不義之人。然而，事實恰恰相反，如果你賣東西的價格低於成本，那才是真正的罪過。你沒有權利這麼做。

你不能把錢託付給一個連自己的財務都管控不好的人；你不能相信一個對家中妻子不忠誠的人；你不能信任在這個世界上任何一個不是發自自己的內心、出於自己的品格和忠於自己的生活行事的人。

我本來就該負責提供一把折疊刀給第二個或第三個人，並將其售出，理所當然地從中獲利。我沒有權利賠本賣東西，就像我沒有權利漫天開價，收取超過商品價值的錢一樣。但我做生意的原則是，每一筆交易，對方賺的，應該跟我賺的一樣多。

「自己活，也讓別人活」，尊重自己，也尊重別人，這不只是福音的原則，也是每天做人處事最基本的道理。

年輕人，聽我一句，活在當下，別等到像我這樣的年紀，才開始享受人生中的一切。

如果我能夠拿回這些年辛苦賺來的百萬美元，甚至僅僅是其中的五十美分，對我來說，它的價值遠不及此刻站在這片幾乎神聖的舞台上，所帶給我的回報。

噢，沒錯，今晚我所得到的回報，早已超過百倍，遠遠超過這些年來我所努力分享和盡我所能的付出。我不該這樣說，這樣聽起來或許有些自負，但我年紀大了，應該可以被原諒吧。我應該幫助我的同胞，這也是我一直努力在做的，每個人都應該嘗試去做，並從中獲得快樂。

如果一個人回家時，心裡明知道自己今天偷走了一塊錢，或者剝奪了別人應得的報酬，那麼他絕對無法安然入睡。第二天一早醒來，他會感到身心疲憊、良心不安的去工作。即便他積累了數百萬財富，也無法稱得上是真正的成功者。

但如果一個人一生懂得與人分享，不僅維護自己的權益與利益，也願意讓他人得到應得的報酬與利益，那麼這樣的人，才能真正活出每一天。更何況，這條路才是通往巨大財富的黃金大道。無數大富豪的成功歷程，早已證明了這一點。

那位說自己在費城開店賺不到錢的人，其實是用了錯誤的原則在經營商店。假設我明早走進你的店，問你：「你認識住在附近，離這裡一條街、住在一二四〇號的A先生嗎？」

「哦，當然，我見過他，他都在轉角那家店買東西。」

「那你知道他是從哪裡搬來的嗎？」

「這我可不清楚。」

「他家裡有幾個人？」

「我不知道。」

「他都投票給哪個黨？」

「不清楚。」

「他是去哪間教會的？」

「我不知道，也不在乎。你問這麼多，到底想幹麼？」

如果你在費城開店，你會像這樣回答我嗎？要是會，那麼你經營生意的方式，就跟當年我在麻州沃辛頓替我父親做生意的方式一模一樣。你根本不知道你的鄰居是從哪裡搬來麻州的，也不在乎。你要是真的在乎，現在就會是個有錢人了。你要是足夠在乎，對他的事物產生興趣，了解他真正的需求，那麼你早就變得富有了。但你卻四處說：「沒有致富的機會！」其實，問題就出在你身上。

真正的資本，不是金錢，而是你自己的本事

又有個年輕人站起來說：「我沒辦法做生意。」

雖然我這裡講的是生意，但這道理適用於各行各業。

「為什麼不能？」

「因為我沒有資本。」

唉，那些目光短淺、沒有真本事的人，視野狹隘得讓人無奈！光是看著這些年輕人站在街角喊著：「要是我有足夠的本錢，我早就賺翻了。」就讓人有一股無力感。

「年輕人，你認為只要有資本就能賺大錢嗎？」

「那當然。」

那我告訴你：「當然不能。」

如果你母親有足夠的錢，願意資助你創業，那麼實際上是你在「幫她創業」，而由她提供資金給你。

當一個人擁有的財富超出了他能掌控的範圍，那一刻，這筆錢就變成了詛咒。對年輕人來說，從父母那裡繼承財富，並非是一件好事。

將財富留給孩子，對他們而言並無真正的幫助。與其將金錢傳給他們，不如將豐富的知識、高尚的品格、廣泛的人脈和可敬的名聲留給他們，這些遠比金錢更具價值。對孩子們而言，甚至對整個社會來說，這才是最有意義的傳承。

自我提問

你是否對「有錢人」懷有偏見？
你內心深處是否相信：「致富＝不道德」？
當你想到「富人」時，腦中浮現的是誠實正直，還是貪婪與算計？
這些想法從哪裡來？它們是否真的符合你所認識的人與事？

鑽石心態

04

繼承財富不如建立本事，
父母的財富若無歷練，反會變詛咒。

這心態提醒了……

◆ 父母、富二代

- 關鍵啟示：給孩子最好的，不是錢，而是價值觀、品格與自立能力。
- 適用理由：文末批判「富不過三代」的現象，建議父母以身作則，避免財富腐蝕子女志氣，適合家庭理財與品格教育討論。

年輕人啊，如果你繼承了一筆財富，千萬別將它視為幫助，這筆錢會成為你的詛咒，剝奪你人生中最珍貴的事物。世上最可憐的，莫過於那些含著金湯匙長大的富家子弟。我真的為他們感到遺憾，因為他們永遠無法真正體會生命中最美好的事物。人生中最美好的時刻之一，莫過於一個年輕人憑藉自己的努力養活自己，並與心愛的女子訂下終身，立下決心，開始築起屬於自己的家。隨著愛的萌生，心中也湧現出對美好未來的渴望。他開始學會儲蓄，戒掉過去的壞習慣，把辛苦賺來的錢存進銀行。

當他存下幾百塊後，便開始在郊區尋找理想的家。或許他還需要向銀行貸款一半的房款，然後滿懷期待地去迎接他的妻子。當他第一次抱著新婚妻子，跨過新家的門檻時，他說出的話，比我此刻所能表達的更加深情動人：「這個家，是我親手打造的，是屬於我的一切，而現在，我願與妳共享。」

這一刻，也許正是人生中，所能體會到的最美好的時刻。

然而，富人的兒子永遠無法體會這種感動。他或許能帶著新婚妻子走進更豪華的宅邸，但從踏進門的那一刻起，他所能做的，只有一路指著四周說：「這是我媽給的，那也是我媽給的，整間房子，都是我媽送的。」

說到最後，恐怕連他的妻子都會忍不住想，當初是不是該嫁給他媽媽才對。我真心為這些富家子弟感到遺憾。

不要讓父母的財富，成為對你的詛咒

根據麻州的統計，十七個富二代中，幾乎沒有人在最終進棺材時，還能守住父母所留下的財富。我真的為這些富裕家庭的孩子感到惋惜，除非他們有幸像鐵路大王范德比爾德家族的長子那樣，能夠看清這其中的道理。

這位年輕人曾問他的父親：「爸，你的錢，真的是自己賺來的嗎？」

「是的，孩子。我當年從每天在渡輪上賺二十五美分開始，一點一滴累積起來的。」

「那麼，」兒子回答，「我不要你的錢！」

於是，那個週六晚上，他決定去找一份渡輪的工作，打算靠自己的努力賺錢。雖然最終沒有應徵上，但他還是找到了一份每週薪水三塊錢的工作。

當然，如果一個富家子弟願意這麼做，他便能夠鍛鍊出窮小子該有的韌性，這樣的歷練，遠比大學教育更為寶貴。因為只有經歷過這些，他才真正具備守住父親留下的千萬家業的能力。然而現實是，大多數富人不願意讓自己的孩子去做那些曾經讓自己成功的事情。通常，有錢人根本不允許兒子去工作。而母親呢？她恐怕會認為，讓自己那細皮嫩肉、從小嬌生慣養的兒子，像普通人一樣辛苦賺錢，簡直是家門的恥辱。對於這樣的富家子弟，我毫無憐憫之情。

我記得尼加拉瀑布那邊有這樣一個例子，不過離得更近的地方，我也記得一樁。在座的紳士們，應該有幾位參加過那場盛大的宴會，在這裡，我先向他的朋友們致以歉意。

在費城的一場宴會上，我身旁坐著一位心地善良的年輕人。他對我說：「康維爾先生，您這兩三年身體一直不太好，宴會結束後，搭我的禮車回去吧，讓司機直接送您回百老街的家。」

我非常感謝他，也許我不該提起這件事，但我只是忠實地陳述事實而已。

我坐上了那輛禮車，與司機一同坐在前座。車子一路前行，我隨口問道：「這輛車多少錢啊？」

「六千八百美元，還必須另外繳關稅。」

我又問：「那這輛車的主人有親自駕駛過嗎？」

聽到這話，司機忍不住大笑，笑到差點對車子失去控制。這問題讓他大感驚訝，以致不小心駛上人行道，擦過街角的燈柱，才又驚險地回到馬路上。

當他駛回道路上時，司機甚至笑到整輛車都在顫抖。他說：「他開這輛車?!哦，在我們到達時他知道怎麼下車，就已經很幸運了。」

我得跟各位講一個關於尼加拉瀑布的富家子弟的故事。

那天演講結束後，我回到飯店，走向櫃檯時，那裡正站著一位來自紐約的百萬富翁之子。

那個年輕人，簡直是人類學上的奇景，難以形容。他頭上斜戴著一頂骷髏帽，帽頂垂著一條金色流蘇，手臂下夾著一根鑲金手杖，說實話，手杖裡的東西，恐怕比他腦袋裡的還要多。

要準確描述那個年輕人真的是非常困難。他戴著一副看不清楚的單片眼鏡，腳上踩著一雙不好走路的閃亮漆皮鞋，穿著緊繃到讓他沒辦法坐下的褲子——打扮得就像一隻蚱蜢。

我踏進飯店時，這位人形蟋蟀喬了一下他那看不清楚東西的眼鏡，口齒含混不清地對飯店櫃檯人員說：「先森（生），能否麻煩您給我一血（些）信子（紙）和信奉（封）。」

櫃檯人員上下打量了他一眼，隨後從抽屜裡拿出信封和信紙，毫不客氣地往櫃檯上一扔，然後轉身繼續翻看他的帳本。

當那些信封信紙被丟上櫃檯時，你真該看看那個年輕人的表情。他像隻雄火雞一樣地燃起怒火，推了推他那看不清楚東西的眼鏡，大喊道：「先森（生），你給我過來！你叫一個服務生把那信子（紙）和信奉（封）拿到那邊的桌子上。」

唉，可憐、可悲、可鄙、被寵壞了的傻瓜！連自己拿信紙和信封走到幾步路距離的地方都懶，看來他已經被人服侍慣了，我想他無法放下身段去做這件事。

我對這種對人性的扭曲毫無同情。如果你沒有資金，年輕人，我倒是很高興。因為你需要的是通達的人情事理，而不是銅板。

自我提問

你是否錯把「繼承」當作「成功捷徑」？
你是否曾羨慕別人一出生就贏在起跑點？
如果現在有人給你一大筆錢，你真的知道該怎麼用嗎？
你有沒有想過，如果你沒經歷「累積」的過程，你可能也守不住它？

鑽石心態 05

理解人心需求才是成功之道，
真正的資本是對人的洞察與價值創造力。

這心態提醒了……

◆ 創業者與中小企業主

｜關鍵啟示：成功不是靠大筆資金，而是靠「洞察需求」和「從錯誤中學習」。

｜適用理由：故事強調創業初期資源匱乏，卻能靠對市場的敏銳觀察與試誤學習，逆勢翻盤。

◆ 開發人員

｜關鍵啟示：創新不一定來自高學歷或資金，而是來自日常生活中對「不便」的敏銳感知。

｜適用理由：橡皮鉛筆、安全別針、女帽、衣領扣等例子都是因為「注意到小問題」而誕生。

我認為最好的解釋方式，就是用你們都聽過的真實故事來舉例。

處處有機會，遍地是商機

亞歷山大．特爾尼．史都華，當年只是紐約的一個窮小子，帶著一．五美元開始他的創業，但第一筆生意就讓他賠掉了八七．五美分。

那位年輕人真是幸運，人生第一次做生意就失敗。

這個男孩說：「我以後做生意，再也不亂賭了。」而且，他真的說到做到。

但他是怎麼賠掉八七．五美分的呢？你們或許都聽過這個故事——他購買了一堆針線、鈕釦來販售，結果這些商品無人問津，最後只能留在手裡，真是損失慘重。那男孩說道：「我再也不會以這種方式來浪費錢了。」

然後，他挨家挨戶敲門，仔細詢問每個人真正的需求。當他徹底了解了大家的所需後，他才謹慎地拿出自己僅剩的六二．五美分，將資金投入到那些確保有人會買的商品上。不論你在什麼地方學習——無論是在商業、專業領域、日常家務，還是你的一生，這一點就是成功的祕訣。

你得先弄清楚，人們最需要的是什麼，然後將自己置於最能發揮價值的地方。史都華就是秉持這個原則，才一路成功，最終積累了相當於四千萬美元的財富，並擁有了紐約那間聲名赫赫的商店——後來華納梅克就在那裡開創了自己的事業。他的財富，其實是從一次賠錢的教訓開始的。那次損失讓他領悟到一個關鍵的道理——無論是投資自己還是投資金錢，都必須放在真正能滿足人們需求的地方。

洞察需求，掌握商機，是成功的關鍵

你們這些做生意的，什麼時候才能領悟這個道理？那些開工廠的，又要等到何時才能明白——想要成功，就得時刻關注人們不斷變化的需求？無論你是基督徒、商人，還是工匠，不論你的身分是什麼，最重要的就是專注於滿足人們的真實需求。這不只是做生意的訣竅，更是一條深刻得像聖經、影響整個人類的至理。

我聽過最經典的例子，就是約翰．雅各．阿斯特的故事。你們應該知道，阿斯特家族的財富，正是從他當年在紐約白手起家開始的。當初，他飄洋過海來到美國，連船票錢都是借來的，口袋裡一毛錢也沒有。但這個窮小子，最終卻憑著一個簡單的原則，逐步累積起阿斯特家族的財富，並建立起無人能及的商業帝國。

一定有人會說：「那是紐約啊，他們當然賺得到這種財富！要是在費城，怎麼可能？」

朋友們，你們有沒有讀過由里斯所寫的那本精彩的書？他才剛離開我們，但他的故事與智慧依然讓人難以忘懷。在書中，他透過統計數據記錄了一八八九年紐約一〇七位百萬富翁的發跡歷程。如果你仔細研究那份統計，你會發現，在這一〇七位百萬富翁裡，只有七位是在紐約賺到財富的。而當時那些身家超過一千萬美元的富翁，有六十七位是在人口不到三千五百人的小鎮上賺到財富的。如果你查一查不動產價值，就會發現，這國家現在最富有的人，至今從未離開過一個僅有三千五百人的小鎮。所以，問題根本不在於你在哪裡，而在於你是什麼樣的人。如果你在費城賺不了錢，那麼在紐約就更別指望了。

阿斯特就是最好的例子，證明成功在哪裡都辦得到。

當初他手上握有一家女帽店的抵押權，但店裡生意慘淡，光靠賣帽子，連利息都無法償還。於是，阿斯特決定收回抵押權，直接接管店鋪，並與原本的老闆合作，在同一家店、用同一筆資金重新開始經營。他沒有投入一分資金，店裡的人只能靠銷售商品來賺取收入。接著，他像以前一樣把店鋪交給他們，自己則走到公園，在樹蔭下的長椅上坐了下來。

阿斯特到公園去，究竟在做什麼？為什麼還要跟那些已經經營失敗的人合作？其實，他所掌握的正是這場合作中最關鍵、也是最輕鬆愉快的部分。阿斯特坐在長椅上，靜靜地觀察著走過的女士們。有哪個人都做到這樣還不賺錢呢？他坐在長椅上，只要有女士從他面前走過，抬頭挺胸，目光自信，彷彿對全世界毫不在意，他就會特別留意她的帽子。等到她走遠，阿斯特已經把帽子的款式、裝飾的顏色，甚至羽毛的紋理和捲曲細節，全都牢牢記在心裡。

有時候我會試著描述一頂女帽，但也不是每次都能成功。我不會試圖描述現在流行的女帽，誰能真正說得清楚啊！這些帽子東拼西湊，各種裝飾堆砌，亂七八糟地掛在後腦勺，或是卡在脖子旁邊，簡直像一隻只剩一根尾羽的公雞。

但在阿斯特的時代，製作女帽仍然是一門注重設計的藝術。於是，他走進那家女帽店，對店員說：「現在，按照我說的款式，做一頂完全一樣的帽子，擺到櫥窗裡。因為我剛才看到有位女士喜歡這種款式。先不要再做其他的，等我回來再說。」

然後他又走回公園，坐了下來。這次，一位長相和氣質都截然不同的女士從他面前經過，她的帽子款式和顏色也與之前那位完全不同。

「現在，」他說，「再做一頂跟剛才那位女士戴的一模一樣的，擺到櫥窗裡。」

他可不會像其他商家那樣，把整個櫥窗塞滿各式各樣的帽子，結果反把客人給趕走，然後躲在後門階梯上哀號：「為什麼大家都去華納梅克買東西？」他櫥窗裡的每一頂帽子，都是在確認有人喜歡之後，才開始製作。顧客開始源源不絕地湧來，他的店鋪很快成為當時紐約這行業中的佼佼者。直到今天，這家店仍然屹立不搖，成為紐約三大名店之一。

這間店之所以能夠成功，正是因為阿斯特在原本的經營者失敗後，憑藉自己的智慧重建了它。他不是依靠大量資金來拯救，而是先弄清楚女士們喜歡什麼樣的帽子，再開始製作，從而避免浪費任何材料。我告訴你，如果一個人能夠洞察女帽市場的趨勢，那他就能預見世上任何商機！

無資本也能創業，只要能讀懂人心需求

假設我今晚走進這個會場，問問在座的各位——在這座工業大城裡，難道沒有靠製造業致富的機會嗎？

「哦，當然有啊，」一位年輕人說，「只要你能搭上一個財團，或者手上握有個兩三百萬美元的創業資金，那還是有機會的。」

年輕人，歷史上針對「大企業」的攻擊，導致托拉斯的解體，正是如今小型企業家崛起的機會！放眼歷史，從來沒有哪個時代，能像現在這樣，在幾乎不需要資本的情況下，也能靠製造業迅速致富。

你可能會說：「這種事根本辦不到，沒有資本怎麼開始？」

年輕人，讓我舉個例子。我必須這麼做，這是我對每一個年輕人的責任，因為我們很快都會以相同的模式踏入商場。年輕人，請記住，如果你能了解人們真正的需求，那麼你已經握有比任何資本都更寶貴的致富關鍵。

在麻薩諸塞州的欣厄姆，有個失業的窮人整天在家閒晃，無所事事。直到有一天，他的妻子叫他出去找點事做。他聽從妻子的話，走出門，來到海灣邊坐下，隨手拿起一塊浸水的木瓦片，將它削成一條木製的鏈子。

當天晚上，他的孩子們為了那條木鏈子爭吵不休，他只好再削一條來讓他們停止爭鬧。他在削第二條木鏈的時候，一位鄰居走進來說：「你怎麼不乾脆削些木頭玩具去賣呢？這樣應該能賺點錢吧。」

「唉，」他回答說，「我不知道該做些什麼。」

鄰居說：「那你怎麼不問問你自己家裡的孩子，看看他們想要什麼？」

木工回答：「問他們有什麼用？我家的孩子跟別人家的不一樣啊。」（我以前教書時也常遇到這樣的人。）

不過他還是聽從了鄰居的建議，第二天早上，當瑪莉下樓時，他問她：「你想要什麼玩具？」

瑪莉開始告訴他，她想要一張娃娃床、一個娃娃梳妝台……接著又列出了一長串要他可能花一輩子才能做完的東西。

於是，他決定聽從自己孩子的建議，因為沒有錢買木料，他便從家裡找來一些木柴，開始削製那些堅固、未上漆的欣厄姆玩具，這些玩具在接下來的多年裡，逐漸聲名遠播，最終成為全球聞名的經典之作。

這個男人一開始只是為了自己的孩子製作那些玩具，後來他做了些複製品，並透過隔壁的靴店來販賣。他開始賺了一點錢，然後又賺了更多。羅森先生在他的《瘋狂金融》一書中提到，這個人成為了舊麻薩諸塞州最富有的人，我想這是真的。如今，他的身價已達一億美元，而他花了整整三十四年，憑著一個原則賺到了這些錢——那就是：「必須相信自己孩子在家裡喜歡的東西，其他家庭的孩子也會喜歡；從自己、從妻子或孩子的心出發，來理解人心的需求。」這就是在製造業成功的王道。

你可能會說，「哦，他沒有任何資本嗎？」有的，一把小刀——不過我不確定那把刀是不是他自己買的。

女性的創新智慧，從生活中發現致富的機會

我在康乃狄克州的新不列顛對聽眾進行如此的演講，有位坐在第四排的女士回家後，想脫下衣領，結果釦子卡在扣眼裡難以解開。她氣得把它丟掉，說：「我要做一個比這個好用的衣領扣。」

她丈夫聽了說：「聽了康維爾今晚的演講，你看，市場上真的需要一個更方便操作的改良式衣領扣。這就是人們的需求，也是創造巨大財富的機會。那還等什麼？趕快發明一款新的衣領扣，然後賺大錢吧。」

他嘲笑她，也因此連帶嘲笑了我，而這正是我感到最悲哀的事情之一，有時就

像午夜的烏雲一樣籠罩著我——雖然我為此已經努力了超過半個世紀，但回想起來，我實際上做成了多少事呢？儘管今晚你們的讚美如此真摯且美好，我還是不相信在座的十個人中，有一個會因為今晚的演講而賺到一百萬美元。

但這不是我的問題，是你們的問題。我說這話是發自內心的。如果人們從不照著我的建議去做，那我說再多又有什麼用？

當她的丈夫嘲笑她時，她下定決心要做一個更好的衣領扣。而當一個女人下定決心「她要做」某件事，並且什麼都不再多說時，那她就真的會做到。

正是這位新英格蘭女士發明了如今隨處可見的押扣，這是一種外側帶有彈簧蓋的衣領扣。各位如果穿過現代防水外套，應該知道那種一按就合上的釦子，當你想解開鈕釦時，只需將它拉開就可以。那就是我所提到的釦子，也正是她發明的。

後來，她又陸續發明了其他幾款釦子，並進一步投資，最終與大型工廠展開合作，成為合夥人。如今，這位女士每年夏天都會搭乘她的私人蒸汽船出國旅行——沒錯，還會帶上她丈夫！要是她丈夫哪天不幸去世，她現在的財富也足以讓她依照最新市價，「買下」一個外國的公爵、伯爵，或類似的貴族頭銜。

那麼，這件事帶給我的感悟是什麼呢？

我當時雖然不認識她，但我對她說的話，現在也想對你們說：「你的財富其實就在你眼前，只是你沒有看見。」而她之所以視而不見，是因為財富就在她的下巴下面。

我曾在報紙上看過這樣的說法：「女人從來沒有發明過什麼東西。」嗯，那篇文章真的該重新寫過。談到女性的貢獻，我並不是想討論八卦或流言蜚語，而是要說實實在在的發明與技術——特別是關於機械的創新。說到八卦，如果真要算一算，恐怕還得把男人一併算進去才公平。事實上，如果不是女性曾經發明過某些東西，那篇文章恐怕連問世的機會都沒有。

朋友們，請好好想一想；各位女士，更請你們深思！你們或許會說，自己只是在洗衣店工作、操作縫紉機，或是日復一日地坐在織布機前，怎麼可能賺大錢？但事實是——只要你們願意遵循這個幾乎不會出錯的方向去努力，你們一樣可以成為百萬富翁。

當你說「女人從來沒有發明過什麼東西」時，我要問：那麼，是誰發明了編織你身上衣服一針一線的提花織布機？是雅卡爾夫人。印刷滾筒和印刷機，是農夫的妻子發明的。

是誰發明了軋棉機，讓美國南方的產棉邊疆地帶大發利市，進而使我們的國家富強起來？是格林將軍夫人，她並把這個想法告訴了惠特尼先生，然後他像許多男人一樣，立刻把這個點子搶了過去。

是誰發明了縫紉機？如果我明天去學校問你們的孩子，他們會說：「是伊萊亞斯・豪。」

伊萊亞斯曾和我一同參加南北戰爭，經常待在我的帳篷裡，我多次聽他說，他花了十四年的時間才研發出那台縫紉機。但事實是，有一天，他的妻子下定決心，如果再不趕快發明點什麼，他們就會餓死，然後她在兩個小時內就把縫紉機的概念設計出來了。當然，他把專利登記在自己名下。男人嘛，總是這樣做。

那麼，又是誰發明了割草機和收割機呢？

根據最近公開的麥考密克先生的一份祕密通訊顯示，發明割草機的其實是一位西維吉尼亞的婦人。當時，麥考密克父子在嘗試製造收割機失敗後，已經放棄了，是這位女士拿了一些剪刀，將它們釘在一塊木板邊緣，每對剪刀的一根軸保持鬆動，然後把它們接上鐵絲，當她拉動鐵絲的一端時，剪刀就會張開或閉合。就這樣，她創造出了割草機的基本原理。如果你仔細看看割草機，你會發現它不過就是一堆剪刀而已。

如果一個女人能發明割草機，能發明提花織布機，能發明軋棉機，能發明電車開關——正是她的發明讓電車成為現實。如果一位女性能像卡內基所說的那樣，發明那些偉大的鐵擠壓機，為美國的鋼鐵財富奠定基礎——那麼，「我們男人」當然也能在這片星空下發明出任何東西！

我這麼說，是為了鼓勵在座的男士們。

真正偉大的人，往往樸實、真誠，不為人知

誰是這個世界上的偉大發明家？

這個啟示又一次呈現在我們面前。那位偉大的發明家，可能就在你旁邊，或者，你自己就是那個人。

你可能會說：「哎呀，我這輩子從來沒有發明過任何東西。」

但那些偉大的發明家，在他們發現那個重要祕密之前，也同樣沒有發明過任何東西。

你認為偉大的發明家是那種腦袋超大的聰明人，還是像閃電般敏捷反應超快的人？

其實都不是。真正偉大的人，往往是簡單務實、做事有條理的普通人。你如果不是親眼見到他的發明，你根本不會相信他是個偉大的發明家。他的鄰居也不會認為他有多偉大。

你從來不會在自家後院的圍欄旁看見什麼偉大的事物。因為你認為，自己的鄰居中沒有偉大的人，一切偉大似乎都存在於遙遠的地方。然而，他們的偉大，其實是如此地簡單、樸實、真誠、實在，以至於鄰居和朋友們從未察覺到。

真正的偉大往往不為人知，這是肯定的。你其實對世上最偉大的人一無所知。

一個不起眼的小工具改寫貧窮男人的命運

你有沒有見過那種自以為是，對普通工匠都不屑一顧的人？你認為他偉大嗎？他不過是一顆被自己大腳拖住的膨脹氣球，哪裡偉大？

那麼，誰才是偉大的人？

最近，我注意到一個小故事，講述一件看起來不起眼的小工具如何改變一個貧窮男人的命運。

這看似平凡的事，卻因為這段經歷，讓那個男人——雖不是偉大的發明家或天才——發明了如今我們所稱的安全別針，並憑藉這個小小的發明，創造了與國內某個貴族世家相當的財富。

另一個故事是，一個住在麻薩諸塞州的貧困男子，三十八歲時在釘子廠工作不慎受傷，從此只能賺取微薄的收入。他在辦公室的工作是擦去鈔票上的鉛筆標註，他一直是用手拿著橡皮擦擦拭，以致常常感到手痠。

後來，他試著把一塊橡皮綁在棍子的末端，像刨子一樣使用。這時，他小女兒走過來，驚訝地說：「哎呀，你有申請專利對吧？」

父親事後說：「當我把橡皮綁在棍子末端時，我女兒告訴我那是個專利，我是第一個想到這個點子的人。」

他隨後前往波士頓申請專利，現今你們每一位口袋裡有橡皮頭鉛筆的人，都是在向這位百萬富翁做出貢獻。

他沒有投入任何資本，甚至一毛錢都沒花，所有收入都來自這個發明，最終累積成數百萬的財富。

自我提問

你真的知道別人需要什麼嗎？
有沒有哪次你幫人解決問題，卻意外得到回報？
在你身邊，有哪些反覆出現的需求信號？
如果現在只能用一千元創業，你會怎麼做？

現代詮釋案例——

生意不是創新，是看得見人們的需要

阿慶，已年屆中年，原本是公車司機，失業後靠做水餃勉強維生。沒資金、沒背景，甚至連店面都租不起，只能在自家騎樓擺攤。有人勸他：「你這樣是賣不久的，沒有冷氣、沒有店面裝潢，誰會跟你買呢？」

但阿慶沒有放棄。他仔細觀察每個來買水餃的人，發現大家常說：「你這水餃餡多、皮又Q，要是有冷凍包裝宅配，就可以多買幾包，家裡隨時煮來吃。」

他聽進去了。隔週，他在攤子上擺了寫上「冷凍宅配，全台寄送」的小牌子。沒想到，一位客人吃過他的水餃後，又回頭跟他訂了十包要寄給住在外地的女兒。

之後，阿慶都會主動詢問客人：「要不要幫你宅配？」他不花錢打廣告，只靠一張訂購單、幾張客人自拍的開箱照，慢慢把「阿慶手工水餃」做成了網路團購熱門名單。

後來他推出「五種口味綜合包」，從古早味韭菜、客家酸菜，到韓式泡菜口味，每一款都來自跟客人聊天時的靈感。他說：「我沒創新，我只是一直聽大家想吃什麼。」

三年後，他不僅開了中央廚房，還讓原本在北部工作的女兒回家一起經營水餃事業。他沒跟政府申請過補助，也沒向外人取經，就是靠著一雙耳朵，聽取客人的意見回饋並改進，以及對待客人的真心誠意，把水餃賣成了品牌。

你問他如何成功創業？阿慶說：「我沒有發明什麼新東西，我只是看見人們真正需要什麼，然後確實地去做出來。」

鑽石心態 06

偉大源於平凡角色的卓越實踐，
成就從當下、從你所在之處開始。

這心態提醒了……

◆基層員工與服務業者

｜關鍵啟示：偉大不在地位高低，而在盡忠職守、默默貢獻中的榮耀。

｜適用理由：鼓舞人心，重申「平凡崗位亦可創造價值」，讓這些職業群體獲得尊嚴與肯定。

◆青年學子與職涯起步者

｜關鍵啟示：偉大不是等你「當選」或「升職」才開始，而是從眼前的學習與責任開始。

｜適用理由：導正對成功的錯誤想像，提醒「現在的你」就能開始累積影響力。

從當下開始，在平凡中成就偉大

現在，我更想談論另一個至關重要的問題。「告訴我，費城的偉大人物在哪裡？」

那邊有位紳士會站起來說：「我們費城沒有偉大的人物，他們不住在這裡。他們住在羅馬、聖彼得堡、倫敦、馬拉揚克，或是其他任何地方，就是不在我們這座城市。」

我現在來到了我思考的巔峰，來到整個問題的核心，也是我尋找答案的焦點：為什麼費城擁有如此豐富的財富，卻依然未能成為偉大的城市？為什麼紐約能夠超越費城？人們說：「因為紐約有港口。」那麼，為什麼如今美國其他城市也超越了費城呢？

只有一個答案，那就是因為我們自己的人貶低了自己的城市。

如果這世界上有哪個社區需要被強行推動發展，那非費城莫屬。如果我們打算建一條大道，大家就說這不行；如果想要設立更好的學校，就說這不對；如果希望有明智的立法，大家還是反對；把所有的改善提案一口否定。對於這座待我如此友善的壯麗費城，這是我唯一能夠提出的重大指責。

我認為，是時候改變我們的態度，要開始讚美並推崇城市的優點，並像芝加哥、紐約、聖路易斯和舊金山的人們那樣，將它們展示給全世界。啊，真希望我們能把這股精神傳遞給大家，讓大家相信我們在費城也能夠做出偉大的成就，並且做得卓越，那該是多麼美好的事情！

振作起來吧，費城的百萬人民，相信上帝與人類，並且相信那些偉大的機會並不在紐約或波士頓，而就在我們這裡——無論是商業，還是這個世界上所有值得為之奮鬥的事物。現在正是最好的時機，讓我們積極推廣我們自己的城市吧。

偉大源於品格與行動，而不是權位

今晚這裡還有兩位年輕人起來發表看法，其中一位年輕人說：「費城將會有一位偉大的人物，雖然目前還沒有出現。」

我問：「哦，是嗎？那你打算什麼時候偉大？」

他回答：「當我當選某個政治職位的時候。」

年輕人，你難道沒從政治入門的基本教材中學到一個道理嗎？在我們這樣的政府體制下，擔任公職，其實只是個顯而易見、微不足道的象徵。誠然，偶爾會有偉大之人踏入政壇，但這個國家真正需要的，是那些願意服從人民意志、遵循民意而行的人。

我們的國家，是一個由人民統治、為人民服務的民主國家。只要這一原則不變，那麼公職人員的角色，就只是人民的僕人而已。聖經說：「僕人不能大於主人，差人也不能大於差他的人。」

人民才是真正的統治者，或至少應當如此。若果真如此，我們便無須依賴那些所謂的「偉人」來擔任公職。倘若美國的偉人們紛紛占據公職，不出十年，這個國家很可能步向帝國之路。

我認識不少年輕女性都說：「有一天，我會成為美國總統。」我支持婦女參政，這件事的到來已是指日可待，毫無疑問。無論如何，我不會阻擋。也許將來我自己也會想競選公職，但如果女性爭取投票權只是因為想進入仕途，那我想在這裡說一句，就像我對年輕男性說的那樣：如果你所爭取的，只是投下一票的權利，那其實也沒什麼了不起。因為如果你無法影響超過一張選票，你的存在幾乎是無聲無息的，影響力也會被稀釋到幾乎感覺不到。

這個國家運作的方式，其實不是你以為的「靠選票」那麼單純。真正掌握主導權的，是那些有影響力、能操控選票的勢力與企業。如果有哪位年輕女性以為投票是為了將來能競選公職，那她可真的搞錯了方向。

還有個年輕人站起來說：「這個國家，尤其是費城，未來一定會出現偉大的人物。」

我問：「哦？是嗎？什麼時候？」

他說：「我們捲入一場大戰的時候，比如墨西哥的『靜觀其變』政策讓局勢惡化了，或是哪天因為一件雞毛蒜皮的小事，跟英國開戰、跟日本、跟中國，甚至跟紐澤西州，或某個遙遠的國家發生戰爭的時候。到時候，我一定會衝到砲火最前線！在一片寒光閃爍的刺刀之間衝鋒陷陣！我會跳進戰場，奪下旗幟，高高舉起，凱旋而歸。我將肩上掛滿勳章，手握國家賦予的一切職位與權力，成為真正的偉人。」

不，你想太多了。你以為只要當上官，就會變得偉大，但別忘了，如果你在當官之前就不是個了不起的人，那就算坐上位置，也不會突然變偉大。那樣反而只會成為笑話罷了。

英雄無名，每個崗位的貢獻都應受到尊敬

當年西班牙戰爭結束後，我們這裡還辦了一場「和平慶典」。不過美國西部的人根本不信，還笑說：「費城人可能要到五十年後才會知道曾經打過這場仗。」

你們有些人可能還記得，當時遊行隊伍沿著百老街前進。那時我不在家，但家人寫信告訴我，載著哈伯森中尉的遊行馬車剛好停在我們家門口，群眾紛紛大喊：「哈伯森萬歲！」如果我當時在場，一定也會跟著大聲歡呼，因為他對國家的貢

獻，遠比他實際得到的多太多了。

但假設我走進學校問學生：「是誰在聖地牙哥擊沉了梅里馬克號？」要是學生回答我：「哈伯森！」那其實只能算答對八分之一。因為那艘蒸汽船上還有另外七位英雄，正是因為他們的職位，讓他們始終暴露在西班牙軍隊的炮火下，而身為軍官的哈伯森，反而合理地可以躲在煙囪後頭。今天聚集在這裡的，都是社會上最有知識的一群人，但或許在座的沒有人能說出那七位英雄的名字。

我們不應該這樣教歷史。我們應該教導大家，無論一個人的地位多麼卑微，只要他在自己的崗位上盡到全部責任，他就同樣值得全體美國人民的尊敬，就像國王坐在王位上一樣。但我們卻不是這樣教導的，現在的教育似乎都在傳遞一種訊息——戰爭的功勞全都是將軍的。

我還記得戰爭結束後，我曾經去拜訪羅伯特．李將軍，那位令人敬重的基督徒紳士，現在無論南方還是北方的人，都以他是美國的偉人之一為榮。

李將軍跟我說過一個關於他的隨從「拉斯塔斯」的故事，他是一名入伍的黑人士兵。有一天，將軍把他叫來，開玩笑地說：「拉斯塔斯，我聽說你們整隊的人都戰死了，怎麼就你還活著？」

拉斯塔斯對他眨了眨眼，笑著回說：「因為每次打仗的時候，我就跟將軍們一起待在後方啊。」

要成就偉大，不是等未來，而是現在、此刻就開始行動

我還記得另一個實際事件。

每當我閉上眼睛——緊緊地閉上——眼前就會浮現出那些年輕時熟悉的臉龐。有時候，他們會對我說：「你整天忙進忙出，還是這麼有精神，頭髮也沒白，誰會相信你老了？」但每次閉上眼，就像所有同年紀的人一樣，那些曾深愛過、卻早已離開的身影，總會一個個浮現在腦海。不管別人怎麼說，我知道，對我來說，人生的黃昏，已經悄悄降臨了。

現在，我閉上眼睛，回想起我在麻薩諸塞州的家鄉，彷彿又回到了那片熟悉的

山頂上的畜牧展場。我看見了馬棚，看見了公理會教堂，鎮公所和山民的屋舍也歷歷在目。我還看見人們盛裝出席、飄揚的旗幟、揮舞的手帕，耳邊彷彿響起樂隊的演奏聲，場面熱鬧非凡。我看見那支重返軍中的士兵隊伍，在畜牧展場上列隊前進。

當時我還只是個小伙子，卻已是這支隊伍的隊長，我自豪得像顆膨脹的氣球，一根細針就能讓我爆開。在我心裡，那簡直是人生中最偉大的時刻。如果你曾幻想過當國王或皇后，那你應該去體驗一次被市長級官員接見的感覺。

樂隊演奏著，鎮上的所有人都出來迎接我們。我走在隊伍最前面，昂首挺胸地在廣場上領軍前進，驕傲極了。接著我們轉進鎮公所，士兵們沿著中間走道依序就坐，而我則坐在最前排的位置。沒過多久，鎮公所內擠進了一兩百人，把四周都站滿了。

接著，鎮上的官員陸續進場，排成半圓形。鎮長坐在講台中央。他其實從來沒當過什麼官，但人很好，而他的朋友們也表示，我這麼說並不會冒犯到他們。

鎮長是個好人，但他覺得當了官，人就自然會變得偉大。他走上台，坐定後推了推他那副厚重的眼鏡，環視四周，突然發現我坐在前排。他直接走上前來，邀請我上台與鎮上的官員同坐。

在我參軍之前，這些官員從來沒把我當回事，頂多只是跟老師說該好好修理我一下。但現在，我居然被邀請上台與他們並肩而坐。天啊！在我們那個時代，鎮長就像我們那個時代的皇帝或國王般了不起的人物。我走上台時，他們給我安排了一張椅子，距離前排大概這麼遠。

當我坐好後，鎮議會的主席便站起來走向講桌。我們都以為他會請公理會的牧師上台，畢竟他是鎮上唯一的演說家，應該由他來致詞，歡迎這些歸來的士兵。各位，當觀眾意識到這位老先生竟然要自己發表演說時，全場一陣驚訝。

他從來沒發表過演說，卻跟很多人一樣犯了同樣的錯誤：以為只要當了官，就自然能當個演說家。說也奇怪，怎麼這麼多人都不明白，想要長大後成為好的演說家，從小就得開始練習。但他們總是以為只要擔任公職，就能自動變成偉大的演說家。

於是，他來到台前，手裡還拿著那篇他早就背熟的演講稿——據說他是在牧場裡來回走動練習，把牛群都給嚇壞了。他把演講稿攤開放在桌上，確保視線無礙，再調整好眼鏡，低頭看了看稿子，然後退回講台後方，再刻意隆重登場般發出咚咚咚的腳步聲走上前。

說起來，他應該真的花了不少時間研究怎麼演講，他一上台就擺出一副「演說專家」的架勢。他把重心壓在左腳後跟，肩膀挺得筆直，右腳微微往前踏，張開嘴巴準備開講，還特別把右腳往外斜跨四十五度，站在那裡擺好了一副正式又講究的演說姿勢。各位，這場演講就這樣展開了……

有些人會問我：「你是不是講得太誇張了？」但老實說，這根本誇張不來。不過，我今天的重點不是講故事，而是讓大家明白其中所隱含的道理。當時他是這麼開始的：

「各位鄉親——」

才剛開口，他的手指就開始顫抖，膝蓋也跟著發軟，接著整個人都開始抖了起來。他喉嚨像被堵住一樣，邊吞口水邊繞回台前看講稿。然後，他握緊拳頭，努力讓自己鎮定下來，繼續說道：

「各位鄉親，我們……各位鄉親，我們——我們——我們——我們很高興……我們很高興……我們真的、真的很高興……我們很高興能歡迎他們回到家鄉……這些曾經上戰場浴血奮戰的士兵們，如今又回到家鄉，平安歸來。我們特別——我們特別——我們特別……我們特別高興今天能夠見到這位年輕的英雄——（說的就是我）這位年輕的英雄，可以想見……（各位，記住，是他說「可以想見」這幾個字，要不是他自己這樣講，我可不會自負到拿來說）這位年輕的英雄，我們可以看到他率領——率領——率領著……我們看到他率領部隊衝向危險的缺口；我們看到他那閃亮的——閃亮的——閃亮的劍，在陽光下閃閃發光。他高喊著：『衝啊！』帶領著士兵們向前衝！」

哎呀呀，我的天啊！這位好人，其實對戰爭一點也不了解。如果他真的懂戰爭，就應該知道，步兵軍官在危險時刻衝到部隊最前面，幾乎可以說是一種錯誤，甚至等同於犯罪——我在場的任何一位退伍老戰友都會認同這個說法。

「我，高舉著閃閃發亮的長劍，在陽光下揮舞，高喊著『衝啊！』帶領部隊往前衝！」拜託，我才沒有做過這種事。你認為我會跑到士兵前面，讓敵人從正面打我，然後又被自己人不小心從背後打到我嗎？那根本不是軍官該站的位置。

在戰場上，軍官真正該待的位置是部隊後方，而不是衝第一個。我擔任參謀軍官時，好幾次在前線，尤其是當我們部隊臨時被叫去應戰、叢林裡突然傳來南軍的喊殺聲時，我都得大聲吼著：「軍官退到後方！軍官到後方！」

這時，每個軍官都得站到士兵隊伍後面，而且官階愈高，就要退得愈遠。這並不是說軍官不夠勇敢，而是因為「戰爭法」就是這樣要求的。

然而，他卻在台上說我「高舉著閃閃發亮的長劍……」但現場台下坐著的，正是當年在北卡羅萊納州的河流上，背著那個小伙子冒著風險過河，免得他弄濕腳的那些士兵。還有些人為了抓一頭豬或一隻雞來給他補充食物，而跑到很遠的地方。更有些人則為了保護這小伙子，死於田納西州那片被砲火掃過的松樹林裡。

然而，在這位好人的演講裡，他們幾乎不曾被提及。他確實有提到那些士兵，但也只是順帶一提。當時風光的英雄，是這個小伙子。那麼，這個國家有欠他什麼嗎？沒有，當時沒有，現在也沒有。為什麼他成了英雄？只是因為那個人也犯了大家常犯的錯——認為這個小伙子之所以偉大，是因為他是軍官，而士兵只是無名小卒。

那一刻，我學到了一個終生難忘的道理，只要生命的鐘擺還在為我擺動，我就會一直記得——

偉大，不在於未來是否能身居高位，而是在有限的條件下，做出不凡的成就，並在平凡的角色中，實現遠大的理想。

要成就偉大，不是等未來，而是現在、此刻，在你所站立的地方——就像我當時身處的費城。如果有人能為這座城市帶來更好的街道、更完善的步道、更優質的學校與更多的大學，讓人們過得更幸福、生活更有文化、有堅定的信念與信仰——那麼，他不管到哪裡，都是個真正偉大的人。

在座的各位先生、女士，也許我們之後不會再見，但請記住這一點：想要成就偉大，不用等什麼時候，也不用等變成什麼人，就從你現在所處的位置、你現在的身分開始——就在費城，從此刻開始。

能為自己的城市帶來祝福的人，能在這裡盡責當個好公民的人，能讓家更溫暖、讓生活更美好的人——不論你是在工廠裡揮汗工作、在店鋪裡接待客人，還是在家細心照料一切，只要你用心去做，不論選擇什麼樣的人生道路，都一樣有價值。想在世界的任何角落成就偉大，就得從你現在所在的地方開始。

自我提問

你是否貶低了自己？也貶低了自己的城市？

你是否也曾這樣想？是否覺得成功和偉大，只發生在離自己很遠的地方？

你可曾懷疑過，自己現在生活的城市、社區、甚至家庭，有沒有什麼值得你驕傲與深耕的地方？

若你今天不換工作、不搬家、不出國，是否還能用新的眼光看待你的生活與職場？

你是否也把「等我升職」、「等我有錢」、「等我有更多資源」當作起步的前提？你有想過「不等資源，先開始行動」嗎？

現代詮釋案例——

在你腳下，發現機會的台灣年輕人

阿信（化名）今年三十四歲，是一位新北市的五金行業務員。他大學讀的是資訊管理系，但畢業後找不到理想的科技業工作，只好回到老家幫父母賣五金材料。

身邊的朋友一個個飛去台北、上海、美國工作，而他每天的生活，就是整理庫存、送貨、幫客戶抓螺絲尺寸。有很長一段時間，他都覺得自己只是被困在老家的「失敗者」，一無是處。

但三年前，他在送貨途中，發現一間裝潢中的咖啡店用的五金配件，價格幾乎是他們店裡類似品項的兩倍。他鼓起勇氣問對方：「為什麼不用我們這種台製的？」對方回說：「品質不錯，但你們沒有設計圖，也不會幫忙對接空間師傅，我們很難用。」

這句話，突然讓他靈光乍現。他開始學 AutoCAD 和 SketchUp，自學設計轉接零件圖。他不是為了成為設計師，而是想幫客戶畫出「如何更有效安裝五金件」的解決方案。沒想到，這個多出來的服務，讓他開始接到更多裝修客戶的單，也吸引了幾位設計師固定合作。他的業績在第二年暴漲兩倍，還意外成為新北市五金行的改造顧問，連他的父親都說：「我兒子真的走出一條自己的路了。」

當別人都在羨慕台積電、Google、高薪大平台時，他選擇從自家門口那間五金行重新定義自己。如今，他仍然住在父母家，但每天過得很踏實。他常說：「我本來也想逃去大城市，但現在我知道，我站的這裡，就是我成長的土壤。」

領導篇

成就真正領袖的四項特質

真正的領導力來自於內在品格、實踐力與關懷他人的心，而非外在條件。獵人因仁慈、敏銳的觀察力、果斷行動與無私奉獻，最終被星辰選中為王。同樣地，在今日社會，真正的領袖不在於頭銜或背景，而在於是否能看見需求、主動解決問題，並贏得人心。不論時代如何變遷，這些特質始終不變。因為這不只是關於領導，更是關於我們每個人在家庭、社會與職場中，如何成為那個值得信任、能被依靠的人。

鑽石心態 07

「我注意到……」是行動的起點。
看見問題、勇於承擔，是讓價值被看見的關鍵。
而愈是險境，愈能凸顯真正的領導力。

這心態提醒了……

◆ 領導者、準領導者

｜關鍵啟示：領導者的本事，不只是決策，而是看見別人看不見的問題與可能。

｜適用理由：獵人沒有頭銜，卻主動救助野獸、築壩解渴，在無人指派時挺身而出。一個真正的領導者，需從「我願意承擔」開始，而不是執著於「我擁有權力」。

◆ 職場專業人士

｜關鍵啟示：細膩的觀察力，是專業的起點。

｜適用理由：許多人會努力表現自己的專業，卻總是忽略了在關鍵時刻是否能展現出「穩定、可靠、思考周全」的特質，讓人覺得你是個值得被信任依靠的人。

多年前，我們曾沿著印度恆河一路溯流而上。那時我是一名旅遊記者，我們造訪了印度北部的聖城阿格拉，然後前往泰姬瑪哈陵。之後，我們僱用了一隊牛車，在鄉野間橫跨二十二英里，造訪蒙兀兒帝國阿克巴大帝的狩獵避暑行宮，那是一座無比壯麗卻寂靜的古城。

我從不曾後悔走過那片鄉野，那些親眼所見、親耳所聞的經歷，至今仍未有人記錄下來。最近，《哈潑雜誌》刊登了一篇介紹那座城市的圖文專題，如果你有機會翻閱那些期刊檔案，或許就能讀到關於那座壯麗而寂靜的古城——法特波錫克里的記述。

那位對東方傳說如數家珍的老嚮導，一邊帶著我們穿梭於古老建築之間，一邊娓娓道來一段與當地歷史緊密相關的傳奇故事。後來我時常引用這個故事，來說明我想推廣的一些實用觀念。當時我用速記匆匆記了下來，現今字跡已難以辨認，但故事的內容，至今仍深深印在我心裡。

他說：

在阿克巴大帝買下這片土地之前，這裡原本就有一座華麗的宮殿，那段傳說就發生在那座舊宮殿裡。宮殿中有一間王座廳，正前方設有一座高台，台上擺著一張閃耀著金光的寶座。在寶座一側，還有個小台座，上面放著一頂精緻華麗的銀製王冠，皇帝在發號施令、要將話語化為律法時，便會戴上這頂王冠。平時，他也只是個平民，一旦戴上那頂銀冠，他的命令便是不可更改的法律。

老嚮導說，那位統治這片土地多年的老國王死後，沒有留下任何繼承人，王座與銀冠因此無人可繼。當地人民深信「君權神授」的觀念，所以無法接受一個沒有王室血統的人登上王位。為了尋覓前任國王的繼承者或可能的宗族後裔，他們整整花了十二年四處探查。結果國家陷入混亂，商業停擺，饑荒蔓延，百姓困苦不堪。無助的人民，只好向占星師，也就是他們的祭司求助，請求他們藉由星辰的啟示，為國家找出下一位君王。

當時信奉星辰的占星師們齊聚王座廳，展開神祕的星象圖，向星辰祈問：

「我們該到何處尋找吾王的繼承人？」

星辰如此回應：

「看看你們的國土，從南境到北境，若你們發現有這樣一個人，群獸隨行、烈陽為僕、水流聽命、世人愛戴，那就無須再追問他的出身。這樣的人，天生就是王族的一員，理當坐上那張黃金王座，戴上那頂銀製王冠。」

於是，占星師們各自散去，開始向百姓打聽：

「你可曾見過這樣一個人——群獸隨行、烈陽為僕、水流聽命、世人愛戴？」

他們得到的，只有人們的嘲諷和譏笑。直到有一天，一位白髮蒼蒼的老占星師，在旅途中一路走進喜馬拉雅山的深處。十二月的暴風雪突然襲來，他被困在山中，只得在山腰間一名獵人的小木屋中暫避風寒。

那天夜裡，老占星師輾轉難眠，為受苦垂死的人民流淚。忽然間，山谷深處傳來野獸的嚎叫聲。他屏息傾聽，那聲音漸漸逼近。他聽出了鬣狗的低鳴、老虎的嘶嘯、狼的嗥叫。沒過多久，那群野獸已經來到木屋外，貼著牆縫嗅聞氣味。老占星師驚恐萬分，連忙起身關上窗戶，唯恐牠們會順著月光躍入屋內。正當他站在窗邊時，他看見一抹黑影，是屋主——那位獵人從閣樓順著梯子爬下來。獵人走向門口，似乎打算開門出去，占星師連忙上前，急聲說道：

「別開門！外頭有老虎、黑豹、鬣狗，還有狼啊！」

獵人卻答道：

「安心睡吧，我的朋友，牠們是我認識的老夥伴。」

他毫不遲疑地打開門，老虎、黑豹、鬣狗與狼便一一走了進來。獵人走到屋角，從掛在牆角的繩子上取下一束他去年秋天採集並晾乾的野草——因為他曾觀察到，這些藥草能緩解野獸中毒的痛苦。那些中毒的野獸遠遠就嗅到了藥草的氣味，紛紛聚集到他家門前。門一打開，牠們便默默地跟著他走進屋裡，來到那堆藥草前。因為牠們都受了同樣的苦，所以彼此和平共處。他將解藥餵給每一隻前來求救的野獸，牠們舔了舔他的手以示感激，然後安靜地一隻隻走出屋外。等最後一隻也離去後，獵人便關上門，回到床上歇息，就像什麼事也沒發生過一樣。

這就是當時他告訴我的那段傳奇故事。

野獸離去後，老占星師躺回鋪著地毯的角落，低聲對自己說：「野獸追隨他……」忽然，他心中一震，想起星辰的啟示：「難道這位獵人就是未來的君王。」但沒過多久，他又搖頭否定：「不，他不可能是。那個住在深山裡、雙手長滿硬繭的粗人——你能想像他坐上閃耀的黃金王座，頭戴銀製王冠嗎？不，他不可能是那位君王。」

隔日清晨寒氣逼人，大家想生火取暖。獵人走出屋外，撿了一些落葉與乾柴，堆在屋子中央的地面上。接著，他拉開一塊簾幕，露出嵌在屋頂上的水晶——那是他親手鑲上的，因為他發現這塊水晶能把陽光集中照射在地上的某個點。隨著太陽緩緩升起，光線透過水晶慢慢移動，當那束陽光落在乾柴和落葉上時，老占星師看到柴枝開始劈啪作響，落葉也漸漸捲曲起來，輕煙盤旋升起，火苗隨之竄出。他望著那團升起的火焰，低聲喃喃自語：

「太陽為他點燃了火！太陽侍奉他，昨晚那些野獸也追隨他——也許，他真的是那天命所歸的王。」

但他轉念又想：「不，不可能是他。想想看，我有世襲的高貴血統，擁有財富、學識與教養，這樣的人怎麼會只是個平民？而國王又怎麼可能是一個什麼都不懂、雙手粗糙的山裡人？如果真有誰該坐上那張寶座，應該是我才對。」

不久後，占星師覺得口渴，便向獵人要水。獵人回答：「山谷下有一處泉水，我平常就是去那裡取水的。」

於是，占星師下山來到泉邊。不料，一陣山風颳過，將清澈的泉水攪得混濁，他無法飲用，只得回到山上，抱怨泉水太過渾濁。獵人聽後，淡淡地說：

「那泉水不聽話嗎？我來教訓它一番。」

他走向屋內的一隅，取下一瓶自己親手採集的油，然後帶著油瓶下到泉邊，輕輕將油滴入水中。果然，泉水的表面迅速平靜下來，變得如鏡般清澈美麗。老占星師舀起那清澈如鏡的泉水，一口飲下，涼意迅速流入喉間，心中忽然湧現一個明確的聲音：「這人就是那個王，連水都聽從他！」然而，隨即他又猶豫了，輕聲說道：「但我希望他不是。」

翌日，他們踏上山徑，來到一座水壩前，水壩後儲存著滿谷的山泉，水面如鏡般靜靜地躺在山岩間，老占星師望著這座沒有水車、也沒有渠道的水壩，滿臉疑惑地問：「這水壩是為了什麼而建？」獵人回答：「幾年前，我曾下山走過平原，那裡的人因為缺水，渴得無力倒地，甚至死去。我心裡充滿了對那些受苦垂死的人深深的同情，回來後，我注意到……」

或許此刻，我該停下來，特別強調這句話的重要性。獵人說：「回來後，我注意到。」這句話，蘊藏著成功的真正祕訣。我期盼你們幸福；期盼你們成為天地間的強大力量；期盼你們擁有溫馨的家園、豐富的藏書，與穩健的財富。而通往這一切的唯一道路，就藏在這句話裡。所有成就卓越的人，都走過這條路。

獵人說道：「回來後，我注意到山坡上有塊巨岩懸在那裡。我注意到它很容易被移動，並且正好能成為山谷中一個理想的壩基。我也注意到，只要築一道小小的壩，就能攔住整座山中的水流。我讓那塊大石頭落下，接著填補上其他空隙，成功築起了水壩，開始蓄水。現在，每當炎熱的夏季來臨，我就會出來挖開一點壩口，讓水流在炎熱的季節裡繼續流淌。等到秋天來臨，我再把壩口補起來，為來年的水源重新蓄滿。」

占星師聽完後，轉過身來望向獵人，問道：

「山下的人，知道是你默默救了他們的命嗎？」

「噢，他們知道了，」獵人答道，「我前不久下山，拿著冬天打獵的獸皮去賣。那些人圍了過來，又親又抱，感謝的話語說個不停，把我簇擁得幾乎喘不過氣來。我再也不想下山了。」

當占星師聽見世人愛戴他，心中明白，天象所啟示的四項條件，終於全都應驗了。他跪倒在地，捧起那雙長滿老繭的手，抬眼凝視著那張布滿傷痕的面龐，說道：

「你乃生於王室血統之王。星辰曾言，若能找到一人，群獸隨行、烈陽為僕、水流聽命、世人愛戴，那便是王位真正的繼承者——能肩負重任的人。而你，正是我們所尋之人！」

獵人喃喃地說：「我是王？不……我不是王！我爺爺只是個種田的啊！」

占星師道：「別再提你爺爺的事了，這和他無關。星辰早已明示，你就是那個天命所歸之人。」

獵人答道：「我又不懂法律，怎麼可能治理國家？我根本沒學過啊！」

占星師不再多說，只引用了一句古老聖書中的神學格言，我將其直譯如下：

「星辰所選之人，必須順從其神聖天命，決不可違抗。」

換成更現代一點的說法就是：

「有王位來找你，千萬別說不。」

獵人聽了那番睿智的話後，終於點頭答應，隨著眾人一同下山，來到君納谷與那座壯麗的王宮。他們為他披上紫袍，在萬民的歡呼與期盼中，將象徵王權的徽記——那頂銀製王冠，戴在他的額頭上。

據那位老嚮導所說，自那一天加冕起，獵人統治了那片國土長達四十年，為國家帶來前所未有的安定與繁榮——直到今天，這樣的盛世仍未曾再現。

那則寓意深遠的傳說，至今依然深深烙印在我心中。每當我尋找能肩負重任的人，總會看他是否具備那四項特質。若一項都沒有，那麼在現代社會中，他也難以大有作為。

自我提問

你是個能肩負重任、具領導素質的人嗎？

你是否也像那位占星師一樣，因對「出身」與「背景」的偏見，而忽略了身邊人的潛能——甚至是自己的？

你是否曾默默做過一些「沒人看見卻深深影響別人」的事？那會不會就是你價值的真正所在？

如果某天，「領導的機會」或「影響他人的角色」出現在你面前，你會像獵人一樣本能地說：「不，我不夠格」，還是會學會說：「也許我正是那個人」？

現代詮釋案例——

矽谷傳奇天使投資人納瓦爾・拉維肯

出生於印度的矽谷傳奇天使投資人、連續創業家納瓦爾・拉維肯（Naval Ravikant），九歲時與母親、弟弟移民美國，成長於紐約低收入社區，靠圖書館自學、獎學金與打工完成學業。

他創辦 AngelList，打造一個吸引全球頂尖創業家與投資人匯聚的平台，協助無數新創企業成功起飛。就像故事中的野獸聽命於獵人，納瓦爾不靠血統、頭銜或名牌學歷，而是以實力與人格魅力，贏得矽谷核心人物的信任與追隨。

他主張「智慧工作」勝於苦力工作，善用網路與知識槓桿擴大影響力。如同獵人以水晶引光生火，他用科技與哲學思維，創造出高效率、高影響力的商業模式。

他推動創投透明化、打造開放式募資平台，為無數創業者解決資金瓶頸，如同獵人引水解渴，帶來希望與轉機。

納瓦爾在社群上分享「現代自由工作者哲學」、「財富公式」、「幸福公式」，啟發全球數百萬人。他如同故事中的獵人，沒有顯赫背景，卻憑藉思考深度與利他精神，被視為當代創業思想導師。

他之所以被視為現代的「智者王」，正因為他總能看見他人忽略的問題，並以行動帶來改變。

幸福篇

幸福的中點，在「天使的百合」盛開之處

真正的幸福不是來自無止境的追求，而是源於對「剛剛好」的領悟。當我們總覺得還不夠、還要更多時，其實正逐步遠離快樂。懂得適時停下、珍惜當下，反而能擁有更長久的幸福。從老哈欽森的失敗，到推銷員的轉變，可以看到：當一個人願意放下貪婪、選擇分享與踏實努力時，才會真正享受到人生的滿足。

鑽石心態
08

真正的幸福，不在極貧或極富，
而在知足與中庸之間。適時停步，
才能看見那恰如其分的美好。

這心態提醒了……

◆ 正在追求成功與目標的年輕人

｜關鍵啟示：適時停下，是種智慧。

｜適用理由：年輕人常被「更高、更快、更成功」的價值觀驅動，易陷入盲目追求，忽略了節制、中庸與內在安定的重要。

◆ 對人生方向產生困惑、焦慮的讀者

｜關鍵啟示：與其不斷向外追尋，不如停下好好察覺真正的需要與幸福的存在。

｜適用理由：在面臨選擇或低潮時，人們總以為幸福在「別處」，而忽略了自己當下的位置與所擁有的價值。

這場演講的標題〈天使的百合〉，就像我以往用過的講題一樣，取自一則寓言故事。在美索不達米亞、巴勒斯坦，還有幼發拉底河下游一帶的東方地區，人們常用這種寓言形式來表達想法。耶穌所說的比喻，其實就是當地人日常溝通的語言風格。他們習慣透過意象、象徵、故事與寓言來對話，而我聽過的眾多寓言中，「天使的百合」是其中最動人、也最能傳遞真理的一則。

在追尋幸福的路上，要學會停下來

那時，我們正從巴格達出發，沿著河道一路向南，同行的，是那位曾講述〈滿地都是鑽石〉的老嚮導。出發時，幾位來自英國領事館的朋友特地騎馬前來送行，一邊揮手，一邊熱情地對我們喊著：「記得停在天使的百合那裡！一定要記得停一下喔！」

我從沒聽過這個寓言，便好奇地問那位老嚮導這句話是什麼意思。他微笑著說：「等今晚紮營後再告訴你們吧。」

於是，那天晚上，在那條古老河流的岸邊，我們圍坐在營火旁，吃完簡單的晚餐後，老嚮導像個溫和睿智的族長般，慢慢地講起了這個故事。他說得極為認真，彷彿這個故事對他有著非比尋常的意義，也像是第一次對人訴說那般動情。他的眼角還閃著淚光，我學不來他那種說故事的方式，也沒辦法像他一樣，把人完全帶進那個畫面。

但那份感動，一直留在我心裡，直到今天。我真希望你們能親耳聽他講一次，如果是那樣，這個故事的寓意，對你們會更有力量。

老嚮導告訴我們，在他們的文化裡，對於摯愛的人最深的祝福，就是希望他們能「停在天使的百合那裡」。所以在道別時，這句話成了最溫柔、最誠摯的送別語。尤其是一位父親，在送孩子踏上人生旅程時，總會深情地說一句：「孩子啊，記得停在天使的百合那裡喔！」

老嚮導接著開始講述這個故事——

很久以前，在巴格達住著一位非常富有的哈里發——也就是當時伊斯蘭世界的宗教與政治領袖，擁有至高無上的權力。他統治著一整片龐大的帝國，擁有金錢能帶來的一切：健康的身體、龐大的家族、四方的敬重，還住在整個東方最富麗堂皇的宮殿裡。

那時，巴格達是帝國的首都，而他就住在一座鑲滿鑽石與寶石的宮殿中，安穩地過了將近四十年。他的生活幾乎是所有人夢寐以求的模樣——睡在柔軟如雲的羽絨床上，眼前是自然與藝術交織出的美景，每一餐都由最頂尖的廚師細心準備。他耳邊聽到的每句話都如音樂般悅耳，房裡擺放的每一朵花，都來自全國最細緻、最用心栽種的花園。

他沒有匱乏，沒有缺憾，一切想要的，都有人主動奉上。然而，正是這樣一位什麼都有的哈里發，卻成了整個國度裡最不快樂的人。

他厭倦了指揮軍隊，也厭倦了身上沉重的責任；對所有人在他面前哈腰感到厭煩，對每件事都必須精雕細琢的生活感到疲憊。他受不了所有事情都被安排得井然有序，連腳下的地毯都豪華得讓人喘不過氣。

他對一切「最貴」、「最好」的標準感到麻木，也對身分帶來的繁文縟節和隆重儀式感到厭倦。

一天晚上，他回到房間，躺在那張奢華的床上，心中默默地向上天祈禱——但願有一天，他可以不再是哈里發，而只是一個平凡無奇的小人物，可以做回真正的自己，安安靜靜地過日子，擁有片刻的自由與安寧。

而沿著河流往下大約十二英里，有個叫波札爾的小村莊。村裡住著一位乞丐，多年來飢餓交迫、體弱多病，衣不蔽體、食不果腹，夜裡只能窩在一處破舊、沒有屋頂的圍欄裡過夜。

就在同一個夜晚，他照常躺在幾塊破布上，席地而睡。他縮著身子抬頭望著滿天星斗，誠心地向天堂的主祈禱——希望有那麼一天，他也能像巴格達那位哈里發一樣，過上舒適富足、無憂無慮的生活。

那天晚上，天堂的主召來了兩位美麗的天使，把一顆百合花的球莖交到他們手中，並說：「帶著這支天堂的蘆葦下凡，從波札爾那位乞丐的住處一路量到巴格達哈里發的宮殿。然後再從宮殿往回走一半的距離，在那裡種下這顆百合球莖。」

天使們遵命下凡，用那支蘆葦（很高的草稈）精準地測量了從破屋到輝煌宮殿的距離，再從宮殿沿路返回一半，在那萬物盛開、最美的季節，把百合種在河岸邊。

之後，他們分頭行動。一位天使來到波札爾，對那位乞丐低聲說：「你想得到幸福嗎？去巴格達吧。」

同時，另一位天使俯身在熟睡中的哈里發耳邊輕語：「你想要快樂嗎？那就去波札爾吧。」

兩人都順從地回應天使的召喚，各自從原地出發，朝著對方走去。他們在王宮與破屋之間、波札爾與巴格達之間的中間點相遇。

那是一個寧靜的夜晚，依照當地習俗，他們彼此道聲平安，然後就在原地坐下來談天。

他們沒有詢問彼此的身分，也不追問過去，只是自在地聊些和自己無關、但有趣的事。正當他們交談之間，忽然看見沙地裂開，一道耀眼的光芒從地底閃現出來。

他們注視著那道光芒，只見一株百合從裂縫中冒出來，以不可思議的速度迅速生長。沒多久，整朵百合盛開，花瓣一層層展開，愈升愈高，最後像一頂帳篷般鋪滿整個天空，把哈里發與乞丐一同籠罩在壯麗的花葉之下。

他們就這樣住在那朵百合花下，過著最和諧、最平靜、最幸福的生活——沒有煩憂，沒有匱乏，所需的一切剛剛好，不多也不少。他們彼此尊重，友善相處，心懷善意地共享這片寧靜。

而當百合花緩緩消失的那一刻，他們也在同一瞬間一起離開了這個世界，前往另一個永恆的國度。

於是，這個傳說便一代代流傳下來。每當朋友之間即將道別，只要想送上一句深情的祝福，總會說：「記得停在天使的百合那裡喔！」

我第一次聽到這個故事時，還特地用速記寫進自己的日記裡。但我花了好一段時間，才慢慢理解那位老嚮導話語背後的用意——那不只是一則溫柔的寓言，更是一個充滿意象的象徵。

愈深入思索，我愈能感受到，那朵百合不只綻放在故事裡，更像是一道指引，穿過人生的每一條路、每一個階段。

我才恍然明白，這其實是我所見過最動人、也最深刻的一種幸福哲學的描繪——比任何書本裡的段落都更清晰，比任何演講裡的金句都更貼近人心。因為真正的幸福，既不在波札爾的破屋裡，也不在巴格達的華麗宮殿中，而是在那兩者之間——在那朵天使百合靜靜盛開的地方。

東方人或許最容易領悟這樣的道理，只是即使明白了，他們的心，卻不一定總能安住於其中。

那位族長——也就是把這故事講給我聽的老嚮導——說，他管自己太太叫「還想再多一點」。在他們的文化裡，人們常依據個人的性格來取名。我一邊聽一邊在心裡想，要是我們也照這種方式命名，不知道有些人會被叫成什麼樣子。

他之所以這樣叫她，是因為她永遠不覺得足夠，擁有得愈多，就渴望得到更多，像永遠填不滿的心。這樣的故事不是編出來的，而是真實發生在那片土地上——就發生在他自己的家裡。

我後來問他，當我們旅隊走到波札爾與巴格達之間時，可不可以在「天使的百合」那裡停一下。他搖搖頭說：「無論往哪個方向走，我們總是在察覺之前，就已經錯過了它。」

這則寓言，其實蘊藏著一種極深的人生智慧，關於人該如何生活、如何尋找真正的幸福。

自我提問

追夢過程中，你曾停下來看看腳邊那朵早已盛開的百合嗎？
你是否一直在追求「更多」？「剛剛好」對你而言，長什麼樣子？
你曾經停下來，好好感受當下的幸福嗎？還是總在往下一個目標奔跑的途中？
你追求的是什麼？財富、名聲、職位，還是他人眼中的成功？

鑽石心態

09

「更多」不等於「更好」。「手能握多少」，
不貪、不懼、不浮誇── 剛剛好，最踏實。

這心態提醒了……

◆ 事業正在上升期的職場人士與創業者

｜關鍵啟示：成就與快樂並非總是成正比，人生的黃金時刻，是在「剛剛好」時懂得停下。

｜適用理由：他們正處於拚搏、追求更多的階段，容易迷失在「再多一點」的欲望中，不易察覺何時該停、何處是「剛剛好」。

◆ 資產充裕卻不快樂的高資產族群

｜關鍵啟示：欲望若無節制，將拖垮幸福。

｜適用理由：如文中的施瓦布、洛克斐勒、哈欽森等案例，反映出財富若無內在節制與平衡，反易帶來焦慮、失控與毀滅。

幸福的邊界，止於剛剛好

那些在事業上成功，同時又能活得快樂的人，往往是因為他們找到了屬於自己的那朵「天使的百合」。我曾經問過自己，現在也想問問你們：你認為自己需要擁有多少錢，才會讓你感到真正快樂？到底需要多少，才會覺得「這樣就夠了」？

或許曾經，你覺得擁有五百塊就能心滿意足。甚至有時候，只要能借到五毛錢，你也會覺得生活充滿希望——就像當年的查爾斯・施瓦布一樣（美國鋼鐵巨頭之一）。如今，施瓦布已經擁有一億美元，他卻還是不快樂。因為，他可能早已越過了那朵百合綻放的界線。

有些人做生意總是這樣，不斷追求更多，卻忘了停下來，真是太傻了！

有些人心裡會想：「只要有五千塊，我就能真正快樂了。」但當他真的賺到這筆錢時，卻從來不肯停下來看看，自己是不是已經到達了那朵百合盛開的地方——也就是幸福的邊界。他總是繼續往前走，愈走愈不滿足。芝加哥的老哈欽森，就是這樣的典型例子。

他起初只是賺了幾千元，後來進入投機市場，最後囤積小麥以壟斷小麥市場，賺到了五百萬美元。他的侄子、侄女們非常擔心，希望他不要把那五百萬花掉，或者冒險再投資賠掉，甚至希望他在死之前都不要動那筆錢。然而，他依然不聽，說：「我可以賺到六百萬，只要再炒作小麥一次就行了。」結果大家也知道了——他那次炒作失敗，五百萬美元全數輸光，還欠下了數十萬的債務。最終，他不得不去旅館當行李員，努力賺回失去的錢。如果當時的旅館小費像現在這麼高，也許他早就賺回來了。

我這輩子在鐵路和旅館之間奔波了六十年，見過不少奇事，但像昨晚那樣的，還真是頭一回。我進了房間，照慣例從口袋裡掏出一些零錢，給帶我進房的行李員，差不多是三十美分。沒想到他竟然把錢扔回床上，說：「現在沒半塊錢以上的，我們不收。」我回他說：「那就剛好，因為我今天的心情，也只值三十美分。」於是，我什麼也沒再給他。這件小事，正好映射出一種人類欲望的變化：曾經，十五美分就足夠讓人滿足，接著是二十、二十五，現在沒給到半塊就覺得不夠，甚至感覺被冒犯——好像我欠了他什麼一樣，卻忘了人家其實根本不是非給小費不可。就像老哈欽森一樣，起初他有五百萬就覺得足夠了，結果他渴望六百萬，錯過了那朵天使的百合——那個「剛剛好」的地方。最終，他走上了一條讓自己受苦的道路。商界裡，像這樣的人並不罕見。

幸福不是拿最多，而是拿得穩

你覺得索羅門王要有多少財富，才會感到滿足呢？他可是當時世界上最富有的人，卻非常不快樂，老年還過著腐朽的生活。看起來，「擁有太多財富」所帶來的痛苦，可能是人世間最深刻的一種痛苦了。當一個人在事業上有所成就時，最好的時機就是在他介於一無所有與億萬富翁之間的時候——「剛剛好」的時候，適時退場。

前陣子我去探訪了一群挖煤礦的工人，剛好遇上他們準備罷工。和他們聊過之後，我看到了他們所展現出的典型的人性反應。他們說，公司已經幫他們加薪三次，但聽多了身邊的人說：「都加薪了，加三塊算什麼？不如直接加十塊！」結果反而讓他們更不滿意現在的待遇。不是說他們不該加薪，而是這種「本來應該更多」的想法，一點一點地讓人心裡失衡。就算真的照他們的要求全給了，他們也未必會比現在快樂。這就是人性，尤其在那樣辛苦的工作環境下，這種情緒更容易冒出來。如果我們能對一份「合理」的收入心懷感恩，或許幸福才會真正開始。畢竟，幸福從來不是靠一筆巨額收入堆出來的，尤其那筆錢如果不是靠自己努力掙來的，人往往也不會懂得珍惜。

你覺得洛克斐勒自己真的清楚，那兩三億財產到底有多少嗎？他真的能從那麼多錢裡，換來快樂嗎？他從那些財富中得到的快樂，說不定還不比你現在手上擁有的那一點點來得真實。其實，一個人真正能享受的，真的沒那麼多。對一個身體健康、心境平穩的人來說，五萬塊就已經足夠過上安穩的生活了。錢一旦多到一個程度，帶來的往往不是更多快樂，而是更多煩惱與壓力。

那些在事業發展的過程中，就懂得與員工分享成果的人，才是真正的成功者。他們的富足，不只是在銀行帳戶上，更體現在心裡、生活裡，甚至人生的每一個層面。這些人，一路走來懂得分享，所以也才能真正感受到快樂。

如果那些煤礦老闆當初肯早一點彼此商量，主動幫工人加薪，把賺來的利潤拿出一部分回饋給基層，那場罷工或許根本不會發生。他們自己賺的錢可能會少一點，但日子會過得更踏實、更快樂——而那份快樂，其實比多賺幾千萬還更值得。

在商場上，那些一路上願意分享成果、照顧員工的企業主，才是真正活得幸福的人。現在這個時代已經不同了，如果一個人做生意只顧自己、不懂得分享，最後不只是快樂留不住，連成功也可能撐不久。

你有沒有試過，一隻手拿七顆雞蛋？如果你不是在農村長大的，手可能沒那麼大，因為你沒像我這樣，從小扶著犁耙在田裡走了那麼多年。不過，我真的想看看你試一次。

六顆蛋，其實是拿得穩的。我以前常常一手拿著六顆蛋，另一手提著牛奶，從穀倉走回家。但一天早上，籃子裡剛好多了一顆新下的蛋，我心想：「多一顆應該也沒問題吧？」結果我進屋第一件事，就是洗衣服、洗手——因為蛋碎了。

六顆，你可以穩穩地、帶著笑走進家門；七顆，卻可能讓你摔得滿手狼藉。很多時候，幸福就是這樣，剛剛好才是最好。從第七顆開始，就過了那條「剛剛好」的界線。

自我提問

真正的成功對你來說，是什麼樣子？你有勇氣在「夠好」時停下來嗎？
你現在正在追求的，是「需要」還是「欲望」？
你曾為了多賺一點，犧牲了什麼（健康、家庭、時間、快樂）？
你有沒有在自己的工作或生活中，主動與人分享成果？
如果現在你已達人生的黃金時刻，你會知道自己正在其中嗎？

鑽石心態

10

真正的商業成功，從來不是追求最大利潤，而是以穩健長久為本，在獲得合理成果後適時停步，懂得回饋，並願意分享。

這心態提醒了……

◆ 從事銷售、業務或市場行銷工作者

｜關鍵啟示：誠信比手段能讓生意合作更長久。

｜適用理由：靠話術與誇大、投機取巧的推銷手法，或許可以短暫奏效，卻無法長久。只有建立在信任與助人的行動，才能累積真正的成功與口碑。

◆ 年輕職場人／職涯規劃者

｜關鍵啟示：職涯與人生的真正穩定來自於穩健累積經驗，而非一時暴衝。

｜適用理由：剛起步的工作者容易迷思於愈快愈好、愈多愈強的職場價值觀，這篇文提供了「慢慢來、走得遠」的反思角度。

「剛剛好」的中庸之道，是長久穩健成功的生意祕訣

二十五年前，我在全國各地演講旅行時，遇過最糟糕的人，就是那些跑業務的推銷員。那時候的推銷員什麼歪風邪氣都有。他們總以為我是同行，半夜還來邀我下樓打牌、喝酒。有一次，他們甚至送了一瓶威士忌到我房間當作「同行禮」，以為我也是賣東西的。

還記得有一回，在紐約的渡輪上，一個喝得醉醺醺的推銷員勉強拖著他的兩只皮箱走上船。他跌坐在椅子上，看到我也帶著兩個提包，就說：「老兄，麻煩你到了紐約把我叫醒，好嗎？」說完他一下子就睡死過去。等我們到了二十三街碼頭，我費了好大勁才把他搖醒，扶他下船。他一邊踉蹌走下去，一邊回頭跟我說：「我酒喝多了，現在頭昏腦脹的，但你一定懂的，誰不是這樣！」他說的話，正是當時很多推銷員的心態——每個人都以為同行一定「懂的」。

我曾經在伊利諾州跟一位推銷員起過爭執，因為他正在誇口自己是怎麼坑農民

的。我對他說：「你這樣騙農夫，不會覺得良心不安嗎？這不是做正當生意該有的樣子。」他卻笑著回我：「現在做業務不靠撒謊、唬人怎麼成交？東西要賣出去，就得不斷地撒謊，一直撒，直到你把東西賣出去。」

他還舉了一個「笑話」當例子：有個推銷員被控謀殺，被送上法庭。法官問他認不認罪，他回答：「有罪。」法官轉頭對陪審團說：「各位，這案子你們不用退庭討論了，他自己都認了。」結果，陪審團還是宣判「無罪」。法官瞪著他們問：「你們不是聽到他自己承認了嗎？」陪審團主席說：「聽到了啊，但你也知道，推銷員說的話怎麼能信！」

說真的，在我那些年的旅途中，最讓我失望的，大概就是早期的推銷員了。他們毫無原則，作風混亂，連跟他們站在一起我都覺得尷尬，因為我是個傳道人，但我也不想對他們說明身分。那段日子裡，我見識了不少以前從沒想過的欺騙手法。

但現在不一樣了，時代變了，如今路上遇到的推銷員，反而成了最值得敬重的一群人。商人們漸漸發現，那種只顧自己、要小聰明的經營方式，其實只會讓他們自己吃虧。他們開始明白，不該去占農夫或城市裡那些不了解行情之人的便宜。

有一次我在賓州布拉德福進行餐會演講，遇到一位從波士頓來的推銷員，他進門時看起來一臉疲憊，我問他：「今天商品賣得好嗎？」他說：「賣得超好，從來沒賣這麼多過……但沒有一分錢是為我們公司賣的。」我愣了一下，問他是什麼意思。他說：「我們公司交代得很清楚，如果到了某個小鎮有空檔時間，就去幫當地的商家賣貨——不管他們有沒有經營我們的商品。」

那天他整整跑了一下午，在村裡一家一戶地拜訪，幫當地一位雜貨店老闆接了滿滿一天的訂單。他笑說，那位老闆大概得忙上一整週才能把訂單的貨全交出去——而他自己的公司，一毛錢都沒賺到。

我知道那家公司，曾經只是一間波士頓街角的小商店。如今，他們已經成為全波士頓最大的批發公司了。他們的成長，來自於願意「知足常樂」，願意在自己合理獲利之後，停下腳步——停在了那朵「天使的百合」盛開的地方，並幫別人一把。他們不貪多，只求合理利潤；當從一個地方已經光明正大地賺到應得的，就懂得收手，轉而成為那個社區的助力。

真正懂得走在「剛剛好」這條中庸之道的生意，才是真正能長久經營、穩健成功的生意。說到底，不管你賺得多還是少，只要你心裡踏實、日子過得快樂，那就是成功了。

有一次，在賓州車站，一位推銷員讓我親身體會到什麼叫「懂得在人群中前進」。那天車站裡人山人海，還有個大團體聚集在車站準備出遊，而我的火車還有不到十分鐘就要開了，但我和月台入口之間擠滿了人，根本穿不過去，我急著找別的路。這時，那位素未謀面的推銷員走過來問我：「你趕搭這班車嗎？」我說：「如果還來得及的話！」他回答：「別擔心，跟緊我，抓好你的提包！」於是我緊跟著他，他就帶我走向那片人海，開始一點一點往裡擠。

人群前頭有個老太太，腳邊放著一個籃子，他輕輕把籃子往前移，老太太彎腰要把它挪回來，他立刻站進那個空位。前面一位男士把雨傘夾在腋下，他輕輕拉了一下傘尖，對方側身回頭看了一眼，推銷員就趁機鑽了進去這個空間。

就這樣，他一步一步、有技巧地在人群中穿梭，最後還禮貌地請最前面那位先生讓一讓，那人也真的讓開了，我就順利通過了。推銷員朝我點點頭，說聲再見，就轉身離開了。我到現在都不知道那個幫了我一把的人是誰，但我記得，那天，我在火車開車前一分鐘，順利上了車。

真正成功的人生與事業，就是這樣慢慢地前進的，一步步找出口、一點點往前推進。就像那位推銷員，輕輕挪開籃子、稍微調整雨傘，每個動作都不張揚，卻踏實有效。這樣穩定、持久的前進方式，遠比那些看似快速、實則讓人承受巨大壓力的投機方式，更值得依靠。

如果想要在致富的路上活得快樂，就該選擇這條穩健踏實的路，或許走得慢，但它會帶你走得更遠。

自我提問

你了解「推銷」或「成功」的真正意義，以及當今職場中的關鍵競爭力嗎？
你的言行受人信任？還是有時為了成交、表現，會犧牲原則？
你更重視眼前的成果，還是更願意經營一段穩健而持久的成功？
你是否認為讓身邊的人也「一起好」，才是真的好？

現代詮釋案例——

賈伯斯的悟道時刻

賈伯斯（Steve Jobs）來自美國加州，一九七〇年代正值西岸文化與創新浪潮的高峰，他卻主動離開熟悉的一切，前往陌生、貧窮卻靈性豐盈的印度，尋找精神導師，追問：「什麼是真正的快樂？」這份選擇，與寓言中離開宮殿的哈里發如出一轍。

他原以為印度會帶來終極的精神答案，但數月苦行後才領悟：「印度給我的是一種平衡感。真正的智慧，不在極端的清苦，也不在極端的富裕，而是在兩者之間——一種能看見世界之美與荒謬、能擁有也能放下的能力。」這正是「天使的百合」所象徵的所在——既不是巴格達的奢華，也不是波札爾的清貧，而是兩者之間，那朵百合靜靜綻放之地。

回到美國後，他沒有選擇出家，而是創辦了Apple。但他不同於一般商人，他刻意將東方禪意與極簡哲學注入產品設計：白色留白、圓角邊緣、純粹直覺的使用體驗。生活上，他也實踐極簡主義——素食、簡衣、不追名牌。表面是科技巨擘，內心卻住著那位坐在百合花下的哈里發。

賈伯斯的一生，就是現代版的「從波札爾走向巴格達，卻在中途停下」的寫照。他擁有權力、金錢與創造力，卻始終保持警醒，不讓這一切占據他的靈魂。他曾說：「記住你即將死去，能幫你避免以為自己會失去什麼，因為你根本一無所有。」這句話，正如那句動人的祝福：

「記得停在天使的百合那裡。」

人生篇

給年輕人的人生建議

在競爭激烈、價值多元的時代，真正的成功來自專業力，更來自責任感與志業的堅持。在選擇人生方向前，需多思考、多請益，找出結合熱情與天賦的道路。選定後，就要專注前行，從細節中養成全力以赴的習慣。教育的本質，不在灌輸知識，而在培養有擔當、有思辨力的公民。面對未來，追求的不該只是名校與光環，而是實力、品格與貢獻社會的能力，以及那顆願為他人而活的心。

鑽石心態 11

責任不是壓力，是打開人生熱情的鑰匙。
找到那件你願意為它努力一生的事。

這心態提醒了……

◆ 人生方向尚未明確的年輕人（如高中、大學生）

｜關鍵啟示：找到並實踐自己的志業，是你對自己人生最大的責任。

｜適用理由：青少年在探索志業時，常被收入或社會期待所左右，而忽略了真正值得投入的，是能結合興趣與天賦的方向。

◆ 教育工作者與導師

｜關鍵啟示：教育的本質，是引導靈魂，而非只為升學與績效。

｜適用理由：許多教師追求個人成就與研究成果，雖能帶來榮耀與聲望，但教育的根本使命，是培養能為社會貢獻、有價值的完整人才。

選擇、責任與成長，找到屬於你的道路

只有當責任變成樂趣，人生才真正發光。我們做過最棒的工作，往往是那些讓我們由衷喜愛的事，而最能激發熱情的工作，也正是與我們天賦最契合的工作。人生中最該深思熟慮的選擇，除了終身伴侶，便是那條你願意奉獻一生的志業之路。因此，在決定人生方向之前，請多想、多讀、多問。

一旦你確定了最適合自己的路，就放手去走，不論它多遙遠、多險峻、多艱辛。每克服一道難關，你的成就便愈加珍貴，也會讓你在達成目標後，擁有更大的力量繼續前行。

試著找一位比你年長、經驗比你豐富的朋友，向他請教，並聆聽每一個人的建議，因為有時候，那些不起眼的人，反而能在關鍵時刻給你更清晰的視角，補足你所欠缺的部分。每個人的意見都值得聆聽，但最終做決定的，始終是你自己。

老師的職責不僅是教學，更重要的是幫助學生在步入職涯之前，找到屬於自己

的道路。

真正的老師，對學生最重要的貢獻，從來不僅僅是教授課本上的知識，而是那些不計報酬、外人難以察覺的無形付出。那是一種對學生的理解與同理心，讓他們明白，教育的真正意義不僅在於知識的傳授，更在於激發思想、情感和意志的成長。

課本上的知識，只是教育過程中最表面的一部分。老師的責任，是幫助學生明白，如果一個人只依賴書本或老師的知識，而缺乏內在的思考與鍛鍊，那麼這些知識反而可能變成傷人的利器。

老師還應該在學生面臨人生抉擇時，提供指引，在他們從少年走向成年的過程中，成為他們值得信賴的良師與朋友。

然而在現實中，這些本應被視為神聖使命的責任，往往被忽略。許多老師更願意追求個人成就或研究成果，這些或許能帶來短暫的光環，甚至為學校增添名聲，但他們最根本的職責，應該是將這些年輕人培養成有價值、能夠為社會做出貢獻的完整個體。

如果一位老師背離了這份神聖的責任，他所背叛的，不僅是學生，更是整個國家，甚至是整個人類。

在此，我再次提醒，當你遇到人生的困難與抉擇時，請去尋找一位誠懇而睿智的長者，向他請教，讓他成為你信任的指引。

向他請教，哪些書真正值得一讀。一本好書，是最值得信賴的顧問，它凝聚了一位智者的心血，並且總是懷抱著無盡的耐心，無論你問它多少次，它都不會厭煩。

然而，特別在人生剛起步的階段，千萬不要把時間浪費在那些對你的成長毫無啟發、對未來志業無實質幫助的書籍上。選定一本書作為你的顧問後，就不要輕易放下，直到你真正理解它、消化它，並讓它成為你思考的一部分。一本真正讀透的書，遠勝過一百本草草翻過的書。

半吊子有很多種，但最讓人搖頭的，就是那種不求甚解、只看表面的半吊子讀書人。

培根曾說過：「有些書只需淺嘗，有些可以囫圇吞下，但也有一些書，值得你細嚼慢嚥、用心消化。」在人生的初期，最應該投入的，就是那些讀起來費工夫、需要慢慢咀嚼的書。至於那些讀來輕鬆、像漫遊文學花園般的書，等你穩定步伐後，再回頭細細品味也不遲。

詩人，是自由的語言與靈魂的指引

請努力去讀懂詩人的語言，因為詩人不僅是老師，更像是為這個世界立法的人。他們教會我們什麼是高尚，什麼是純潔的思想。

如果我們沒有足夠的教育來理解詩歌，人生就會失去一分靈魂的重量，僅留下死亡的印記。

如今，真正揭示真理的，只剩下那些被上天留下的詩人。他們是自由的，並且讓那些愛詩的人也在其中找到自由；詩人是大自然最動人的創作，他們一觸發想像，語言便如花綻放。

真正的詩人，是國家最珍貴的禮物，因為他們最清楚如何為真理而活。

他們無法支持任何形式的專制，因為偉大的人心中，都有一股追求自由的本能。相比其他作家，詩人更能讓我們放下自我，讓我們看到人生與人類的尊貴。

在他們的眼中，萬物都是溫柔且神聖的，每一天都充滿意義，每一位善良的人，都是值得敬仰的存在。

自我提問

你真的了解自己的天賦與熱情所在嗎？

你是否曾經為了「穩定」、「安全」，而放棄了探索真正熱愛的事？

你做過哪些讓你完全忘記時間、愈做愈起勁的事情？它們是不是你該走的方向？

你讀書是為了什麼？知識真的被你內化為智慧了嗎？

鑽石心態 12

實力與持續行動，遠比學歷與出身更有價值。

這心態提醒了……

◆ 青年學子與初入職場者

｜關鍵啟示：教育的真正價值不只是學歷，更是養成責任與品格。

｜適用理由：無論是學校或非傳統學習，只要能夠幫助個人成長、貢獻社會，就是好教育。這篇文章鼓勵自主思考與實作精神，打破對「正規學歷」的迷思。

◆ 面臨職涯選擇與學習規劃者

｜關鍵啟示：專注與徹底是現代成功的關鍵。

｜適用理由：在資訊碎片化、人人求快的時代，我們不能做個「半吊子」；只有在某一領域深耕、全力以赴，才能建立真實且無可取代的實力。

凡事做到最好，才是成功的基石

在現今這個時代，要在工作上做出一點成績，還是需要具備專業知識或相關經歷才行。如果你有機會進修或學習，千萬不要錯過這個提升自己的好機會。選擇課程時，也別只是憑感覺，要想清楚什麼對你的職涯最有幫助，優先把那些實用、能派上用場的課排進來，不要輕易被我們這些感性派所謂的「人文素養課」給吸引走了。

當然，如果時間與資源都允許，能拓展視野、豐富內在的人文素養課程確實很值得一修。然而，如果是在你正該全力打拚、學習實用技能的階段，卻把時間花在這些「聽起來很高尚」、但暫時幫不上忙的課上，那就真的是一種奢侈而可惜的浪費了。

一旦選定了學習的方向，就要專心一致地走下去，別讓自己輕易分心。對認真學習的人來說，適度的休息和娛樂就像吃飯一樣，是維持身心狀態平衡的必要條件。但過多的娛樂會讓人分心、失去專注力，久而久之甚至養成做事不認真、事情做一半的習慣，最後什麼也做不好。

別太樂觀，天真地以為自己能在許多領域樣樣精通。東學一點、西碰一下，最後可能什麼都不夠深入。現在不管在哪個行業，競爭都很激烈，想要真的脫穎而出，就得有在某一件事上深耕到底，做到讓人刮目相看的決心與專注力。

凡事只做一半，久了會慢慢削弱我們的內在力量；而真正值得尊敬的人，往往都有一種做事徹底、認真到底的特質，那是他們最核心的力量所在。

專注在一件志業並做到最好，比起涉獵四十種技能卻樣樣稀鬆，更值得尊敬。那些只碰皮毛的人，身上總有一股讓人難以親近的氣味，讓真正有品格、有修養的人敬而遠之。

如果我們習慣對那些「不是自己本業」的事情敷衍了事，久了，也會不自覺地對自己選擇的志業變得馬虎。真正能讓我們把志業做到徹底的方法，是從小處開始，養成無論多小的事都全力以赴的習慣。唱歌時，把最後一個音收得完整；簽名時，寫好最後一筆；吃飯時，也不急著吞下最後一口，而是細細咀嚼。對真正有擔當、認真過生活的人來說，人生裡沒有小事。凡是值得做的，就值得做到最好。

多才多藝的愛德華．艾弗列特曾說，他之所以能把這麼多事做得好，是因為從年輕時起，就養成了「再小的事也要做好」的習慣。他甚至為自己能把一個小紙包包得工整漂亮而感到自豪。

超越學歷，實力與擔當才是人生的通行證

學校固然有它的重要性，但別忘了，它終究只是輔助工具。真正能讓一個人成為有分量、有影響力的人，還是來自於他是否能在內心戰勝自己、跨越限制。

歷史上，有很多人其實沒受過正規教育，卻靠著不懈的努力和對知識的渴望，一步步攀上了成功的高峰。他們的例子提醒我們，學校能讓聰明人變得更有智慧，但也可能讓不思進取的人更固步自封。

如今大家開始質疑大學的價值，很大一部分原因，其實是我們送進學校的人當中，缺乏真正渴望學習與成長的心。當「愚人」比「賢人」還多，學校自然就失去

了它原本應有的意義。反倒是有些人，因為家境不好無法上學，卻因此逼出了自己潛藏的能力——像富蘭克林、林肯、彼得·庫柏，還有成千上萬的美國人。他們渴望知識，所以更願意吃苦、更努力工作，也懂得放下那些廉價但迷人的享樂，只為了心中那份真正有價值的追求。

那些靠努力和犧牲換來的成就，往往是最真實、也最無可取代的。很多讓人敬佩、站上高位的人，其實都是一步一腳印走出來的。他們背後沒有捷徑，只有不斷的努力與堅持。要記得，實力才是聲望最穩固的基礎。

多數有見識、有思考的人，其實並不在乎你的出身，也不會特別在意你的父母是不是名校畢業。就像霍姆斯醫師曾說的，老家族就像老樹，最精華的部分往往埋在地底，看不見也不張揚。

真正有成長的人，是那些在思想、情感與行動上，都能超越上一代的人。他們關注的從來不是你念過哪所學校，而是你是否真正善用了手上的資源，踏實地做出一些成果來。

在美國，唯一真正的貴族，是那些比一般人擁有更高精神力量、也努力創造出實際成就的人。

愛默生說過：「如今大學的風向，總是被古老的觀念所左右。」也難怪，學界總有一些看似高深、實則不切實際的言論與做法，結果反而誤導了不知情的一般人。

有些人認為，正規課程之外的學習沒什麼價值，這種看法其實相當荒謬。甚至曾有人想立法，限制那些靠非傳統方式學成的醫師或律師執業，簡直是本末倒置。

但說到底，一位將領能不能帶領軍隊打勝仗，從來不是看他在哪裡、什麼時候接受訓練的。例如奧立佛·克倫威爾，當年最傑出的將軍之一，在四十歲以前，他只是個務農的普通人，直到後來他投身國會軍、反抗查理一世，才真正踏上改變歷史的舞台。

所以，對一個國家來說，該問的從不是他的學歷，而是：這個人有沒有能帶領我們打勝仗的能力？

當一個人身陷危難時，他不會在意救他的人是哪個家族的後代，也不會問他哪一年畢業的。別被那些死守舊規的人嚇退了。知識，是每個美國孩子的基本權利，即使是最貧困、最平凡的人，也有資格去追求它。相信這一點，然後勇敢走進人生的競技場。這世界會為那些知道自己要去哪裡的人讓路；當一個意志堅定的人走來，就像巨人降臨，眾人會不由自主地為他開路、鼓掌。

在選擇職涯時，不要把眼光只放在幾個傳統的「主流專業」上。比起二十年前，今天的社會需要更多具備高技能的人才，也願意付出更高的報酬，而這些機會還在持續增加中。像過去被認為比較「基層」的工作，例如烹飪、農業、裝飾藝術、林業、護理、公共衛生、服裝設計等，如今幾乎都已經邁向專業化。從事這些領域的人，不但愈來愈受到重視，也比過去有更多保障，更能獲得優渥的回報。

對一位立志行正道、做對的事的年輕人來說，有一個真理永遠不能忘記——人生的意義，遠遠不只是職位多高、生活多舒適，或穿得多光鮮。如果我們只為自己而活，其實就是在一點一滴地消耗自己的人生，最後只會讓人覺得空虛。

真正有擔當的人，往往能在為他人付出的過程中，找到遠比個人享樂更深刻的快樂與回報。說到底，最真正「為自己而活的」，反而是那個願意「為別人而活」的人。

而教育其中一項最重要、最大的使命，就是幫助我們打開眼界，讓我們有更多能力與力量，去回應這個世界的需要。真正渴望活出有意義人生的人，總會用心觀察日常生活中每一個細節——因為他知道，幸福的泉源，往往就藏在我們的每一天、每個地方之間，不只滋養自己，也能滋養他人。

自我提問

你有「凡事做到最好」的習慣嗎？
你目前的工作或學習方向，是出於自己的熱情，還是別人告訴你這樣才有「前途」？
你是否曾因為沒有學歷而感到自卑？但回頭看，有哪些事情你是靠實力完成的？
你現在最想專精的一件事是什麼？為什麼是它？你願意每天為它多花三十分鐘嗎？

現代詮釋案例——

從「好學生」到「自我探索者」

三十二歲的怡君從小就是標準的「乖乖牌」。她一路念書、考試、聽從父母建議，順利進入師大、成為國中教師。外人看來一帆風順，她卻時常感到焦躁不安。每天照表操課、改作業、開會，日子像被貼上了模板，重複、沉重、無趣。

直到某個週末，她因為壓力過大，臨時請假去宜蘭小旅行。那天清晨，她一邊在海邊散步，一邊翻聽一集Podcast，是某位設計師講述「斜槓與熱情」的過程。她忽然意識到，自己也曾經喜歡畫畫、喜歡幫人設計小卡片、製作畢業紀念冊，可是這些興趣在升學壓力下早就被壓抑了。

回台北後，她開始在Instagram開設匿名插畫帳號，每天畫一則與老師日常有關的小圖文。沒想到三個月後，她竟累積了三千名追蹤者，還接到幾個小案子。

她並沒有立刻辭職，而是決定給自己一年時間，白天教書、晚上畫畫、週末進修設計課程。那一年，她感覺人生終於開始有了「自己選擇的成分」。

雖然仍在摸索，但她開始學會尊重自己內心的聲音，而不是永遠只走別人說「比較穩」的路。

她曾說：「不是我不感恩教職這條路，而是我終於明白，人活著不是為了填補社會預設好的空缺，而是要去找到自己真正熱愛、甘願為之努力的東西。」

世紀經典 11

你該富有：讓窮二代變富一代的鑽石心態

作　　者　羅素・康維爾
譯　　者　簡瑋琪
封面&版型設計　高郁雯　**內文排版**　游淑萍　**手冊設計**　李岱玲
責任編輯　劉素芬　**行銷企畫**　呂玠忞　**總編輯**　林獻瑞

出 版 者　好人出版／遠足文化事業股份有限公司
新北市新店區民權路108之2號9樓
電話02-2218-1417　傳眞02-8667-1065
發　　行　遠足文化事業股份有限公司（讀書共和國出版集團）
新北市新店區民權路108之2號9樓
電話02-2218-1417　傳眞02-8667-1065
電子信箱service@bookrep.com.tw　網址http://www.bookrep.com.tw
郵撥帳號 19504465　遠足文化事業股份有限公司
讀書共和國客服信箱：service@bookrep.com.tw
讀書共和國網路書店：www.bookrep.com.tw
團體訂購請洽業務部(02) 2218-1417 分機1124
法律顧問　華洋法律事務所　蘇文生律師
印　　製　博創印藝文化事業有限公司　電話02-8221-5966

出版日期　2025年8月6日
定　　價　299元
ISBN　978-626-7591-54-3
ISBN　978-626-7591-56-7（PDF）
ISBN　978-626-7591-55-0（EPUB）

國家圖書館出版品預行編目(CIP)資料

你該富有：讓窮二代變富一代的鑽石心態／羅素.康維爾作；簡瑋琪譯. -- 新北市：遠足文化事業股份有限公司好人出版：遠足文化事業股份有限公司發行, 2025.08
面；　公分. --（世紀經典；11）
ISBN　978-626-7591-54-3（精裝）

1.CST: 成功法 2.CST: 財富

177.2　　114009685

為什麼你需要這一本《誠信致富行動手冊》

在現今這個價值混亂、追求速成的時代，誠實、真誠、利他這些價值似乎成了過時的奢侈品。但如果你相信，致富不必犧牲良知，創造財富可以與誠信並行——那麼，《誠信致富行動手冊》正是為你而設計的。

這本手冊是《你該富有》實踐版，旨在幫助你從「閱讀激勵」轉向「行動落實」。在你閱讀完每一章節後，引導你將所學化為行動，逐步勾勒出屬於你自己的誠信創富藍圖。它不是理論筆記，而是一份誠實致富的行動設計圖。

這本手冊適用對象

- 想重新整理金錢觀的人
- 想靠正當方式創造收入的人
- 正在創業、斜槓或職涯轉型中尋找方向的人
- 相信「利他才能長久致富」的價值創造者

這本手冊怎麼使用？

本手冊有 15 個致富行動藍圖，每一行動對應一個鑽石心態，設計三層模組，幫你盤點觀念、檢視信念、觀察市場、設計行動。

模組1 「思考練習」，協助你釐清內在信念與行動盲點。

模組2 「行動計畫表」，引導你設定可實行、可量化的改變任務。

模組3 「反思與調整」，幫你追蹤落實情況，找出改進方向與新的價值線索。

請依自己的步調使用這本手冊，不需急於完成，也不求每題完美。重點是開始書寫，並持續思考。寫下猶豫與不確定，誠實面對自己，就是誠信的起點。每一次書寫都是一顆種子，澆水、照陽，它終將茁壯。請相信：你值得富有，也值得用誠實與善良，創造你的影響力。

鑽石心態
1

你該富有，因為你值得影響更多人

思考練習：你的金錢信念清單

請列出你從小到大對金錢的印象（例如錢很難賺、有錢人都很冷血……），並思考這些信念來自誰、是否仍然適用、是否限制了你的行動？

你對金錢的信念？

這信念怎麼來的？

這信念對你的影響？

行動計畫表 / 重寫你的金錢信念

如果你相信「你值得富有」，那麼你會怎麼看待自己現在的財務行動？

你將採取的具體行動

預期創造的價值
（行動影響）

可量化指標
例如開發幾位新客戶、增加多少收入、創造哪些回饋

反思與調整

你有觀察到新的「財富機會」嗎？
例如有人問你願不願意合作、開始收費、推薦你

鑽石心態
2

滿地的鑽石就在你腳下

思考練習：你的價值地圖

請寫下你每天花最多時間的地方（例如公司、社區、家庭），觀察是否有反覆出現的需求、問題？這些就是你可能的「鑽石線索」。

你每天花最多時間的地方

你是否觀察到反覆出現的

需求：

問題：

行動計畫表 ／

從小處找鑽石

這些問題中，
有哪些可以用你的專長或資源來解決？

你將執行的
具體行動

如果你能解決其中一項問題，
你可能會為誰創造價值？

可量化指標
例如解決幾個問題、提供幾個需求、創造哪些回饋

反思與調整

有沒有觀察到新的「鑽石線索」？
也就是未被滿足的需求

1 2 3 4 5 6 7 8 9 10 11 12 13 14 15

鑽石心態

3

誠信，是現代最稀缺的資本

思考練習：你曾在哪裡「放棄了誠信」？

針對你目前的工作或創業行為，列出一件你曾經「心虛」或「勉強妥協」的情況，思考當時為什麼？有沒有更誠實又可行的替代方案？

最近感到「心虛」的工作或決策

為什麼那麼做？

思考其他可行的替代方案

行動計畫表 / 用誠信換取長遠信任

如果你要成為一個「讓人敢放心託付」的人，
你需要在哪些地方更誠實？

你將主動調整的
誠信行為

預期創造的價值是什麼？
信任、關係、回饋

可量化指標
例如提高回購率、收到推薦、增加透明度

反思與調整　你真正做到的誠實或坦白行為有哪些？
結果如何？

1 2 3 4 5 6 7 8 9 10 11 12 13 14 15

鑽石心態

4

認真對待你身邊的每一個人

思考練習：你真的「看見」身邊的人嗎？

列出一位你每天互動的人，試著寫下他最近在煩惱的事、抱怨的問題（例如抱怨孩子課業、找不到便當⋯⋯）或需求，看看你是否有可能提供什麼幫助或服務？

與你互動最多的人是誰

你是否觀察到他

煩惱的事：

抱怨的問題：

需求：

行動計畫表 ／ 你的觀察，就是價值的開端

如果你是他，會希望別人怎麼幫你？
你能提供什麼？

你打算
怎麼幫他？

預期創造的價值？
例如解決他的煩惱、滿足他的需求

可量化指標
例如幫助接送孩子兩次、推薦一個外送平台

反思與調整
在這次幫助過程中，你學到什麼？
有哪裡可以再做得更好？

鑽石心態

5

做生意，不是賣東西，是解決問題

思考練習：你會的，正是別人需要的

列出一個別人曾經來請教過你的技能（或經驗），對應寫下：「這可以幫哪一種人解決什麼問題？」找出你可創造價值的服務方向。

技能：＿＿＿＿＿＿＿＿＿＿＿＿＿＿＿＿

這可以幫哪一種人解決什麼問題？
（試著這樣寫：我能幫＿＿＿＿＿解決＿＿＿＿＿的問題）

行動計畫表／把「幫得上忙」變成「幫出價值」

這個技能可以轉變成什麼微型服務？
例如開放一小時線上諮詢

如果要把這個技能轉化為「可被購買的服務」，還需要補上什麼？ 流程、定價、說明

預期創造的價值是什麼？
例如幫一位新創者釐清產品定位、替朋友省下三小時搜尋時間

可量化指標
例如協助人數、收到回饋數、成交金額

反思與調整

你是否發現新的需求或合作可能？
來自對話、回饋，或他人的困擾

1 2 3 4 5 6 7 8 9 10 11 12 13 14 15

鑽石心態
6

沒資本？你有的比錢更珍貴

思考練習：你藏著的資本是什麼？

列出：你的人脈、資源、時間管理能力、專長、經歷、網路聲量，這些都是你的「無形資本」。選擇一項最有價值的資源，思考如何放大它？

以下「非金錢資本」你目前擁有哪些？

人脈：你的資本

專業知識或技能：你的資本

可支配時間／時間管理能力：你的資本

經歷（職場、生活、創傷、轉職）：你的資本

網路影響力／社群資源：你的資本

行動計畫表 ／

用你有的，換來你要的

在這些資本中，你覺得最容易立刻運用或放大的是哪一項？為什麼？

你將嘗試放大的方式？

預期創造的價值是什麼？

曝光、人脈、合作、成交

可量化指標

例如邀請三人合作、寫一篇專業貼文並觀察觸及

反思與調整

你在實行過程中遇到什麼挑戰？有沒有什麼部分需要調整

例如介紹方式、曝光渠道、行動太少

1 2 3 4 6 6 7 8 9 10 11 12 13 14 15

鑽石心態
7

成功者都在做一件事：「我注意到了……」

思考練習：今天你有「注意到」什麼？

今天出門／上班／滑手機時，請刻意觀察：有什麼「事情應該更好但卻沒人處理」的細節？寫下來，試著問：「如果我來做，會更好嗎？」

你注意到「應該更好但卻沒人處理」的事情？

這個問題可能困擾著誰？為什麼大家選擇忽略它？

這個問題是偶發還是反覆出現的？代表了什麼需求？

行動計畫表 / 從「看見」到「做點什麼」

你觀察到什麼
「應該更好但沒人處理」的細節？

針對這細節
你打算如何改善？

預期創造的價值
對誰有幫助？能改善什麼？

可量化指標
例如減少等待時間 ___ 分鐘、減少流程 ___ 步驟、幫助同事 ___ 人

反思與調整

改善之後有產生什麼變化或回饋嗎？
別人有注意到嗎？

鑽石心態

8

為什麼你應該學會「正當致富」

思考練習：這筆錢，你拿得心安嗎？

寫下你目前或計畫的收入來源，思考它為你帶來什麼價值？你是否對得起這筆收入？如果不能，怎樣做才可以？

你目前有哪些收入來源？

1.

2.

3.

有沒有某筆收入讓你覺得「有點心虛」、「不確定值不值得」？是哪一筆？

行動計畫表 /

把價值交付「升級」，收入才有底氣

如果你希望收入拿的更加心安理得，你需要在哪些方面加強或補足價值？

你將強化的具體行動

預期創造的價值
例如提升服務品質、增加透明度……

可量化指標　例如顧客滿意度問卷＿＿份、正面回饋＿＿則、重複購買或續約率提＿＿%

反思與調整

你是否更理解了「誰在為我買單」這件事？你應該對他們負起什麼樣的責任？

1 2 3 4 5 6 7 8 9 10 11 12 13 14 15

鑽石心態

9

對抗內在的「財富限制信念」

思考練習：我值得富有，因為……

請寫出一句肯定句：「我值得富有，因為我……」，重複寫五遍，每一遍都要有不同的理由。接著把這句話貼在你每天會看到的地方，連續二十一天複誦。

1. 我值得富有，因為我是一個 ________

____

2. 我值得富有，因為我努力帶來 ________

____

3. 我值得富有，因為我持續學習 ________

____

4. 我值得富有，因為我懂得珍惜 ________

____

5. 我值得富有，因為我能夠幫助 ________

____

____

____

行動計畫表 ／

讓信念轉化為行動

你想挑戰的「財富限制信念」是什麼？

例如賺太多會被人討厭、有錢人都很勢利……

你會採取的
「信念轉化行動」是什麼？

預期創造的價值

例如自信度提升、更敢開價、對金錢不再逃避

可量化指標

例如每日複誦完成____天、正面感受記錄____則

反思與調整

你觀察到哪些新的價值信念
正在取代舊信念？

鑽石心態

10

誠實致富，是這個時代最大的反叛

思考練習：你的誠信致富計畫

設計你未來三個月的個人「價值創造行動表」：你想服務誰？用什麼方式？用什麼原則？設定一個收入目標＋價值輸出目標。記得，兩者缺一不可。

你最想服務哪一類人？
為什麼我對這群人特別有感？

你能以什麼方式為他們解決問題？
技能／知識／資源／經驗

你目前的賺錢方式，有符合「對得起收入」的原則嗎？哪裡可以調整？

你對「正當致富」這四個字，
最大的疑問或障礙是什麼？

行動計畫表 ／ 個人價值創造行動計畫（三個月）

你要服務的對象是

你的價值輸出方式　服務／產品／內容

你的原則　例如價格公開、不誇大、誠實溝通

你的三個月收入目標

你的三個月價值輸出目標
例如幫助____人、累積____次回饋、製作____份內容或資源

你要執行的具體行動

可量化指標　例如回覆諮詢信件____封、
收到正面回饋____則、累積新收入____元

反思與調整

有遇到什麼困難？
是否與「誠信」有所衝突或挑戰？

鑽石心態
11

幸福，是一種正在發生的能力

思考練習：你的幸福感養成

最近一次讓你感到安心、溫暖或有被理解的瞬間是什麼？

你生活中是否有某些「平凡但美好」的片刻被你忽略了？例如散步時的微風、家人的一句話、完成一件小事的成就感？

如果要定義「幸福」的日常版本，對你而言是什麼模樣？

行動計畫表 ／ **啟動你的「幸福覺察力」**

你想擁有怎樣的幸福？

根據過去經驗，列出讓你感到幸福的來源：

你要執行的具體行動 例如每晚睡前寫三件小幸福的感恩日記、每日早晨口頭幸福信念提醒

預期創造的價值 例如增強對生活正向情緒的敏感度、減少焦慮與慌亂、提升人際溫度

可量化指標 例如記錄＿＿件幸福時刻、與＿＿人建立更深連結、情緒舒適度自評提升＿＿%

反思與調整

有沒有困難讓你無法持續覺察幸福？
（如太忙碌、情緒壓力、分心）
你可以怎麼調整？

1 2 3 4 5 6 7 8 9 10 11 12 13 14 15

鑽石心態

12 賺錢是為了生活，而不是無止境的追逐

思考練習：你的「賺錢」意識

對你來說，「賺錢」的真正意義是什麼？

你為什麼覺得現在還不夠？你怕失去什麼？

如果你可以定義「夠用就好」，這個「夠」對你來說具體是什麼？ 數字、生活狀態、時間自由……

你希望未來的生活是由什麼驅動，而不是只被金錢驅動？

行動計畫表 ／

重建有意義的賺錢行動

你想靠什麼方式賺錢？它符合你的價值嗎？
例如協助弱勢行銷、開創良心品牌、知識變現

你將實踐的具體賺錢行動

預期創造的價值
例如生活品質提升、心靈穩定、收入與理想一致

可量化指標　例如節省開支____元、與____人產生深度交流、完成____件有價值的任務

反思與調整
你是否更清楚知道「夠了」是什麼樣子？還是仍在不安中奔跑？

鑽石心態

13

成功，不必太大，但要剛剛好

思考練習：你對「成功生意」的定義是什麼？

對你來說，「成功生意」的定義是什麼？

思考點：你的定義偏向「規模擴張」還是「可永續經營」？是否隱含「愈大＝愈成功」的潛在信念？

你是否將「大規模、快速擴張」視為唯一的成功路徑？
這個觀念從哪裡來？

你的內心其實更嚮往哪一種成功？
是爆紅？是穩健？是自由？還是其他？

行動計畫表／設計屬於你的「剛剛好商業模型」

你想服務的對象、社群是誰？
例如在地媽媽、自由工作者、小型創業者……

你將實踐的
具體賺錢行動

預期創造的價值
例如更穩定的客源、更健康的營運節奏、更長期的顧客關係

可量化指標　例如接洽＿＿位精準顧客、
減少＿＿項不必要支出、提升回購率＿＿%

反思與調整　是否發現更適合你現階段的「剛剛好」做法或商業策略？

鑽石心態

14

走在自己選的志業上

思考練習：你的人生志業選擇與覺察

你做過最投入的一件事是什麼？
當時你為什麼那麼投入？

哪三個領域或行業你最感興趣想深入了解？
為什麼？

1.

2.

3.

你是否認識任何正在做你嚮往的工作的人？
你想從他學到什麼？

行動計畫表 / **從「想做」到「去做」**

你目前擁有哪些技能、經驗、資源可以支持你朝人生志業邁進？

接下來三十天你要採取的「志業相關行動」是什麼？

預期創造的價值或帶來的感受

例如幫助某人解決一個問題、測試一種服務、獲得正面回饋

可量化指標 例如執行____次、收到____則回饋、達成____項任務、投入____小時

反思與調整

有什麼行動讓你感到掙扎或不適？那是真正不適合？還是因為害怕？

1 2 3 4 5 6 7 8 9 10 11 12 13 14 15

鑽石心態
15

活出有意義人生的人，會用心觀察日常每一個細節

思考練習：你真正想活出的，是怎樣的人生？

當你想到「有意義的人生」，
腦中浮現的是什麼畫面或場景？

有哪些時刻，你曾感受到「我的存在是有價值的」？
那時你在做什麼？和誰在一起？

如果這週只能做一件真正有意義的事，
那會是什麼？你為什麼選這件事？

行動計畫表 /
讓「有意義的人生」落地發生

有什麼行動讓你產生了喜悅、影響他人、或感受到成長？

你將執行讓「人生有意義」的具體行動。例如：

- 每天花10分鐘記錄一件「讓我感覺活著有價值」的事
- 主動為朋友／家人／同事帶來正向影響（小幫助、真誠對話）
- 做一件「我喜歡但一直延後」的熱情之事（如閱讀、創作、學習）

預期創造的價值或帶來的感受

例如建立個人意義感、修復對「目的感」的遺忘、連結內在熱情

可量化指標

例如一週內感受「意義」____次、主動影響他人的行動____件、投入熱情活動____小時

反思與調整

哪些挑戰讓你偏離了自己對「有意義人生」的初衷？你怎麼重新找回方向？

1 2 3 4 5 6 7 8 9 10 11 12 13 14 15

你已經踏上「誠信致富」的旅程

在這本《**誠信致富行動手冊**》的陪伴下，你已經思考了金錢信念、觀察了身邊的機會、誠實面對了自己的選擇與掙扎，也一步步設計出更貼近自己價值的行動計畫。

這不只是一套練習題，更是一場人生態度的轉變練習。你從「為了賺錢而努力」，轉向了「為了創造價值而活」，你開始理解：**真正的財富，來自誠實與服務的累積；真正的成功，是忠於自己志業的堅持。**

我們不鼓勵浮誇的「致富速成學」，也不迷信「拚命就一定成功」的迷思。這15章帶你看見的是：

價值觀，比資本更重要。

觀察力，比努力更有力量。

而最珍貴的，是你願意用「誠信」這塊底石，去搭建屬於自己的人生金字塔。

如果你真的完成了這些筆記與行動，那你已經不是過去那個對財富充滿恐懼與誤解的人。你現在擁有了辨識機會的眼睛，也開始累積一種深層的自信——我值得富有，因為我能創造價值，並選擇誠實。

未來還會有困難、有迷惘，但這本手冊將成為你思考與重整的起點。當你感到疲憊時，回來翻翻你曾寫下的觀察與思考，那是你通往下一階段的鑽石線索。

願你持續練習觀察、行動與反思，活出屬於你自己、誠實又豐盛的人生道路。